MASTERCLASS PORTRAITS ZEICHNEN

SELWIN LEAMY

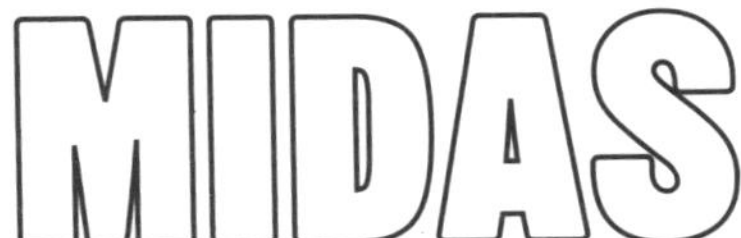

MASTERCLASS
Portraits zeichnen

Midas Collection
ISBN 978-3-03876-143-3

1. Auflage

Übersetzung: Claudia Koch
Lektorat: Gregory C. Zäch
Bildrecherche: Alison Prior
Illustrationen: Selwyn Leamy
Buchdesign: Alexandre Coco
Cover: Agentur 21

www.midas.ch

Midas Verlag AG
Dunantstrasse 3, CH-8044 Zürich
E-Mail: kontakt@midas.ch

Englische Originalausgabe:
Read This if You Want to be Great at Drawing
Laurence King Publishing Ltd, London

Die deutsche Nationalbibliothek verzeichnet diese Publikation in der Deutschen Nationalbibliografie; detaillierte bibliografische Daten sind im Internet über www.dnb.de abrufbar.

MASTERCLASS PORTRAITS ZEICHNEN

SELWIN LEAMY

Inhalt

Warum zeichnet man Leute?

Dafür gibt es zwei gute Gründe: Erstens, wenn Sie in der Lage sind, Menschen zu porträtieren, können Sie alles andere auch zeichnen. Zweitens sind Menschen äußerst interessant.

Was man können muss, um ein Gesicht zu zeichnen, lässt sich leicht auch auf jede andere Zeichnung anwenden. Einige dieser Techniken habe ich bereits in *Zeichnen wie die großen Meister* angesprochen. Tatsache ist: Die komplexen menschlichen Züge zeichnen zu können ist die beste Grundlage für das Zeichnen allgemein, und Zeichnen ist der Grundstein für alles Kreative.

Zum Zeichnen gehört jedoch mehr als Technik – die kann man lernen und üben. Vor allem, wenn es ums Porträtieren geht, sind Hinschauen und Nachfragen wichtig. Seien Sie neugierig. Menschen erzählen ständig Geschichten – durch ihren Gesichtsausdruck und ihre Körperhaltung, durch ihre Kleidung und ihre Eigenarten. Menschen zu zeichnen, ist, als rücke man sie näher in den Fokus.

Beobachten, Technik, Neugier. Darum geht es.

Was ist also eine Zeichnung von einer Person? Ist ein Porträt nur die gezeichnete Darstellung eines Gesichts? Ist eine figürliche Zeichnung einfach die Zeichnung eines anonymen Körpers? Das mögen die traditionellen Konventionen sein, aber wie alle guten Künstler scheren uns die Konventionen nicht. Dieses Buch ist nicht in Kapitel namens »Porträts«, »Life-Zeichnungen« etc. unterteilt; die Techniken, um ein Gesicht zu zeichnen, sind dieselben wie die für einen Körper. Und ihnen allen liegt guten Hinschauen zugrunde.

Künstler zeichnen Menschen schon seit Jahrhunderten, und wir werden einige dieser Zeichnungen genauer betrachten und unseren eigenen Wegfinden, wie wir die Menschen in unserer Umgebung darstellen. Jeder Künstler hat seinen eigenen Stil und seine eigene Motivation. Doch vergessen Sie nicht, es ist wichtig, sich weiterzuentwickeln. Was Sie auf den folgenden Seiten zu sehen bekommen, ist nur die Spitze des Eisbergs.

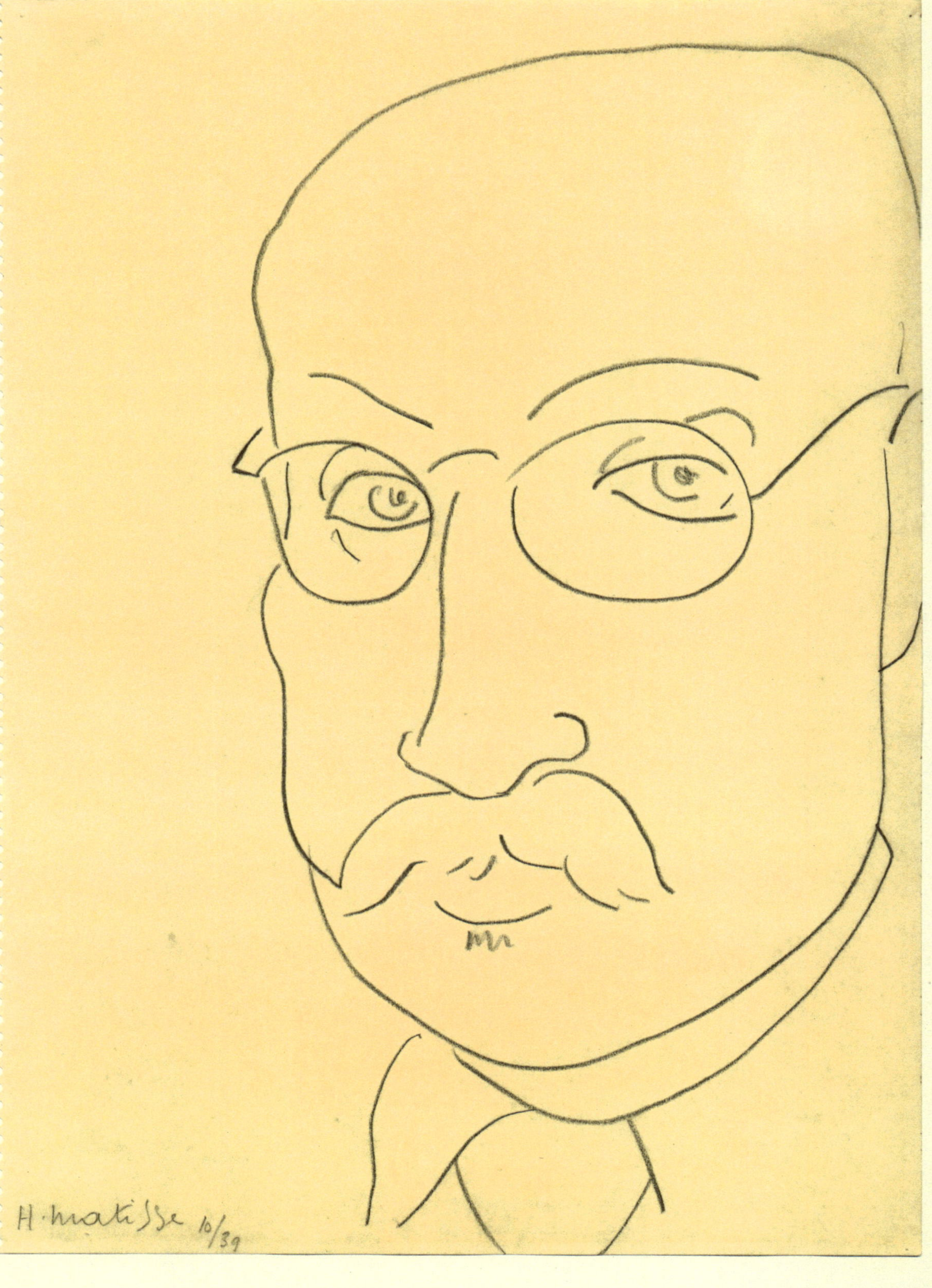
H. Matisse 10/39

Ein Anfang

Menschen sind kompliziert. Am besten zeichnet man sie, indem man erst einmal einfach anfängt. Die Zeichnungen in diesem Abschnitt sind auf ihre Weise einfach: Für manche Künstler war Einfachheit das Ziel für ihr Endprodukt; für andere sind einfache Zeichnungen eine Chance, etwas herumzuspielen und Dinge auszuprobieren. Doch egal, wie sie entstanden sind, alle diese Zeichnungen sind auf ihre Weise interessant und lohnenswert.

Matisse war ein Meister, wenn es darum ging, komplizierte Motive in einer schnellen Skizze zusammenzufassen. Über Präzision oder Proportionen machte er sich nicht zu viele Gedanken, sondern konzentrierte sich einzig auf die Form. Schauen Sie sich dieses Selbstporträt an. Matisse ignoriert alle komplizierten Stellen und reduziert sein Gesicht auf ein paar klare, selbstbewusste Linien.

Selbst komplizierte Dinge sind im Grunde ganz einfach.

Ich weiß, »halte es einfach« klingt so leicht und ist manchmal so schwer, und einfache Zeichnungen gelingen durchaus nicht immer mühelos, dabei liegt der Trick darin, zuerst genau hinzuschauen und dann erst zu zeichnen. Aktives Hinschauen trainiert Ihr Auge, sodass Sie unnötige Ablenkungen vermeiden und sich auf Ihr Motiv konzentrieren können.

Die Zeichnungen in diesem Kapitel werden von praktischen Übungen begleitet, die Sie innerhalb eines Zeitlimits ausprobieren können. Versuchen Sie, sich an die Zeitvorgaben zu halten, denn so arbeiten Sie instinktiv und denken nicht zu viel nach. Es geht darum, das Verhältnis zwischen Hand und Auge zu trainieren … sodass beide einander vertrauen. Das mag merkwürdig klingen, aber probieren Sie es aus! Sie brauchen nichts weiter als einen A4-Skizzenblock und einen weichen Bleistift. Nicht einmal einen Radiergummi.

Selbstporträt
Henri Matisse
1939

Gute Linien

Auf diesem Porträt schaut Barry Flanagans Freund, der Kunstsammler Jack Wendler, nach unten, vielleicht konzentriert er sich auf ein Kunstwerk, das er kaufen möchte. Ein paar gute Linien halten den Moment ohne ablenkende Details fest – nur eine nachdenkliche, klare Zeichnung.

Wie Matisse gelang es auch Flanagan, sein Motiv auf wenige Linien zu reduzieren. Hier fängt er das typische Profil seines Freundes ein. Eine souveräne Linie beschreibt die starke Kopfform, gefolgt von der Nase. Ein paar kleinere Striche deuten den Rest an – Haare, Ohr und Bart. Flanagan traute sich, Dinge wegzulassen.

Versuchen Sie beim Hinschauen, die Linie zu erkennen, die für Ihr Modell typisch sind. Das mag nicht besonders intuitiv sein, aber je genauer Sie hinschauen, desto eher erkennen Sie, was nicht nötig ist, und konzentrieren sich auf das Wesentliche, das die Züge Ihres Modells ausmacht.

Was Sie auslassen, ist wichtiger als das, was Sie zeichnen.

ÜBUNG:

4 Zeichnungen

2 Minuten für jede

1 Zeichnung pro Seite

Zeichnen Sie ein Selbstporträt. Keine Schattierung, nur ein paar Linien. Suchen Sie die entscheidenden Formen in Ihrem Gesicht. Wo Sie beginnen, ist egal. Jede Zeichnung wird einfacher als die vorherige, bis nur noch ein paar Linien übrig bleiben.

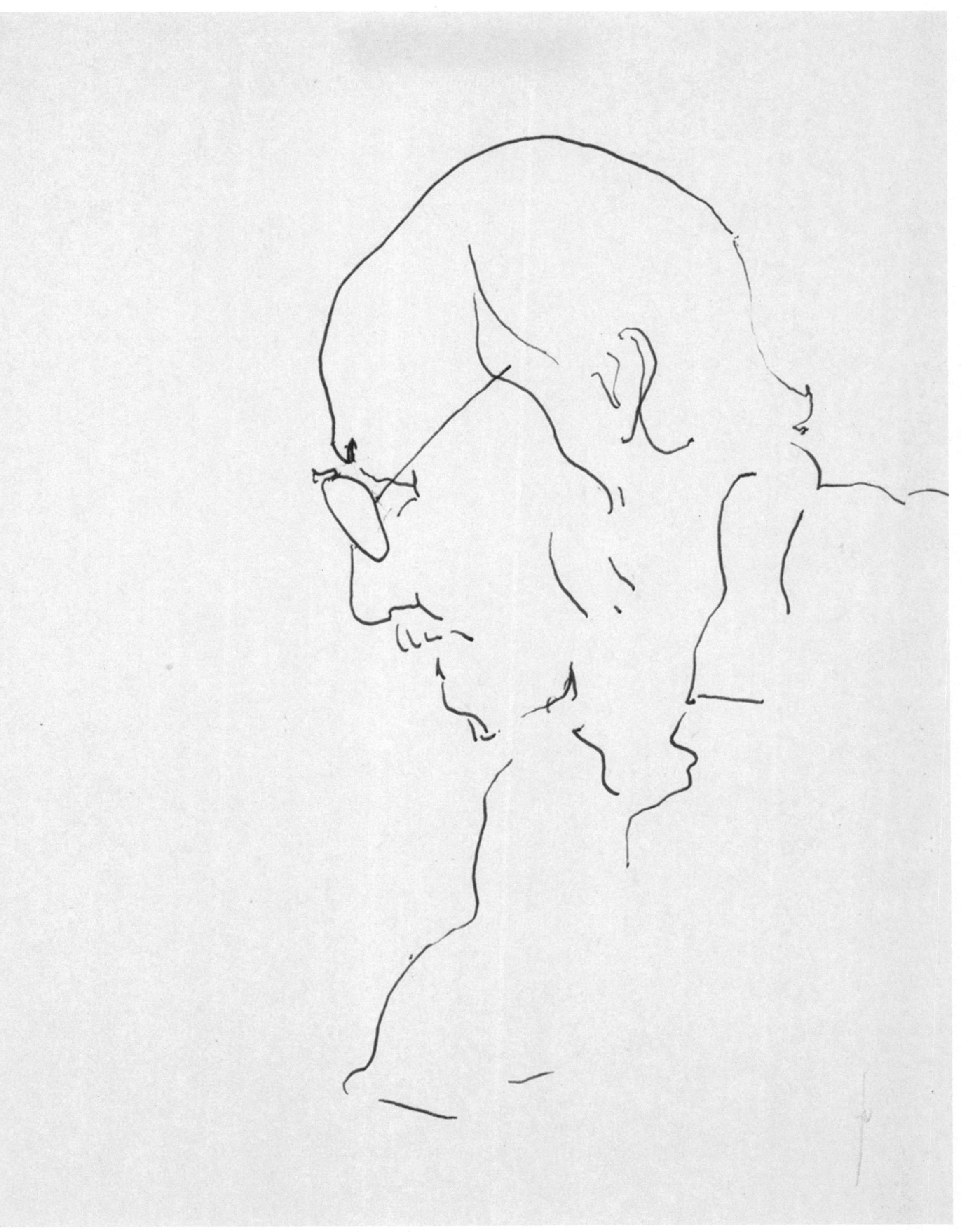

Jack Wendler
Barry Flanagan
1974

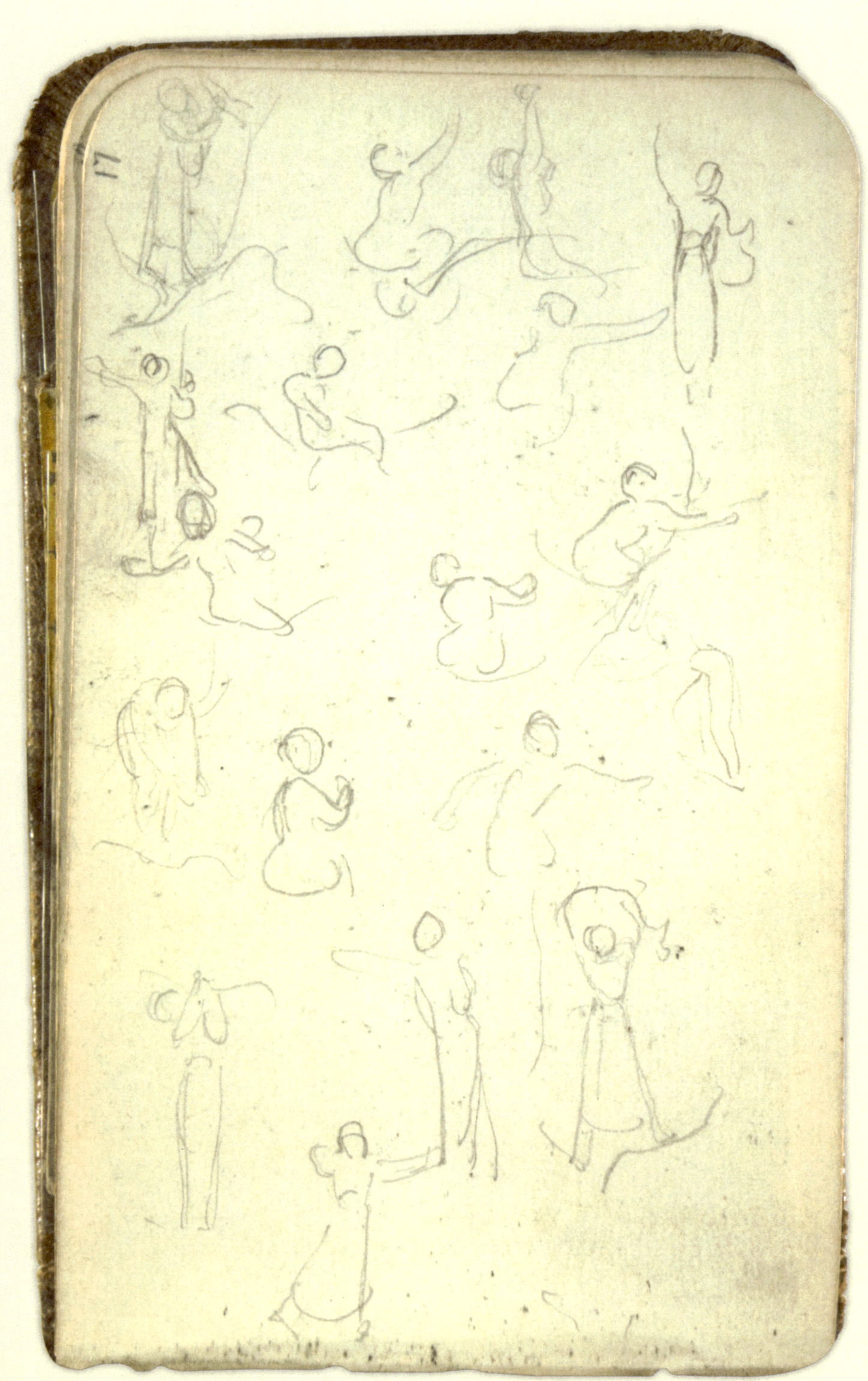

Schnell, einfach, lustig

Mit diesen kleinen Bleistift-Haikus zeigt diese Seite aus dem Skizzenblock des viktorianischen Malers Frederic Leighton, dass für ausdrucksstarke Zeichnungen nicht viele Details nötig sind.

Leightons Modelle posierten nicht und waren auch nicht gestellt. Und obwohl er für jede Zeichnung nur Sekunden gebraucht haben mag, konnte er ihre Pose oder Bewegung einfangen, indem er schnell arbeitete und die Figuren auf wenige Linien reduzierte. Leighton entwickelt eine Art Stenografie für Personen, indem er das Wichtigste an einer Pose erkennt und darstellt – die Kurve der Wirbelsäule, den Bogen einer Schulter, ein ausgestrecktes Bein.

Leighton konnte über diese Bilder nicht lange nachdenken; sie mussten schnell gehen und einfach sein. Auf diese Weise reduzieren Sie die Zeichnung auf natürliche Weise und lassen Details weg, für die Sie keine Zeit haben.

Beim schnellen Zeichnen konzentrieren Sie Auge, Hand und Geist.

Weibliche Studien im Sitzen, beim Tanz und beim Zugreifen
Frederic Leighton
1870

ÜBUNG:

10 Sekunden pro Figur

(so viele, wie Sie auf einer Seite unterbringen)

Setzen Sie sich in ein Café oder einen Bus und zeichnen Sie die Leute in Ihrer Umgebung. Konzentrieren Sie sich wie Leighton auf einige wichtige Linien. Seien Sie schnell und füllen Sie die Seite. Fehler spielen keine Rolle – machen Sie weiter und beginnen Sie von vorn.

EIN ANFANG

Ein Gefühl entwickeln

In Joel Tideys energiegeladener Zeichnung geht es eher um Form und Gestik als um Details. Obwohl ein Mädchen beim Entspannen zu sehen ist, das sich in einen unsichtbaren Stuhl lümmelt, vermag es Tidey dennoch, dem Bild eine gewisse Dynamik zu verleihen, bei dem sich die Person aus einem Liniengewirr ergibt.

Tidey erfühlt eher die Form einer Figur. Die erste Ebene von Linien ist eher leicht und lose, wobei die großen geschwungenen Striche die Pose grob umreißen. Während er die Form entwickelt, erhöht er den Stiftandruck und erzeugt einen klaren, dunklen Umriss, aber nur, wenn ihm die jeweilige Linie auch passend erscheint, um die Figur zu definieren.

Dieses Zeichnen ist schnell und intuitiv. Die ersten Linien sondieren eher; der Bleistift folgt dem Auge, das die Oberfläche des Motivs untersucht. Die Striche werden sicherer und definierter, je mehr »richtige« Linien das Motiv beschreiben.

Wenn die erste Linie nicht passt, zeichnen Sie einfach darüber.

ÜBUNG:

3 Minuten

Für diese Übung müssen Sie nicht extra einen Kurs besuchen – ein Freund oder Familienmitglied beim Fernsehen reicht völlig aus. Halten Sie den Stift anfangs locker und weiter hinten. Damit zeichnen Sie leichtere, freiere Linien. Bringen Sie viele Linien zu Papier. Wenn die erste Linie nicht passt, zeichnen Sie einfach darüber, bis die Form der Pose erkennbar ist.

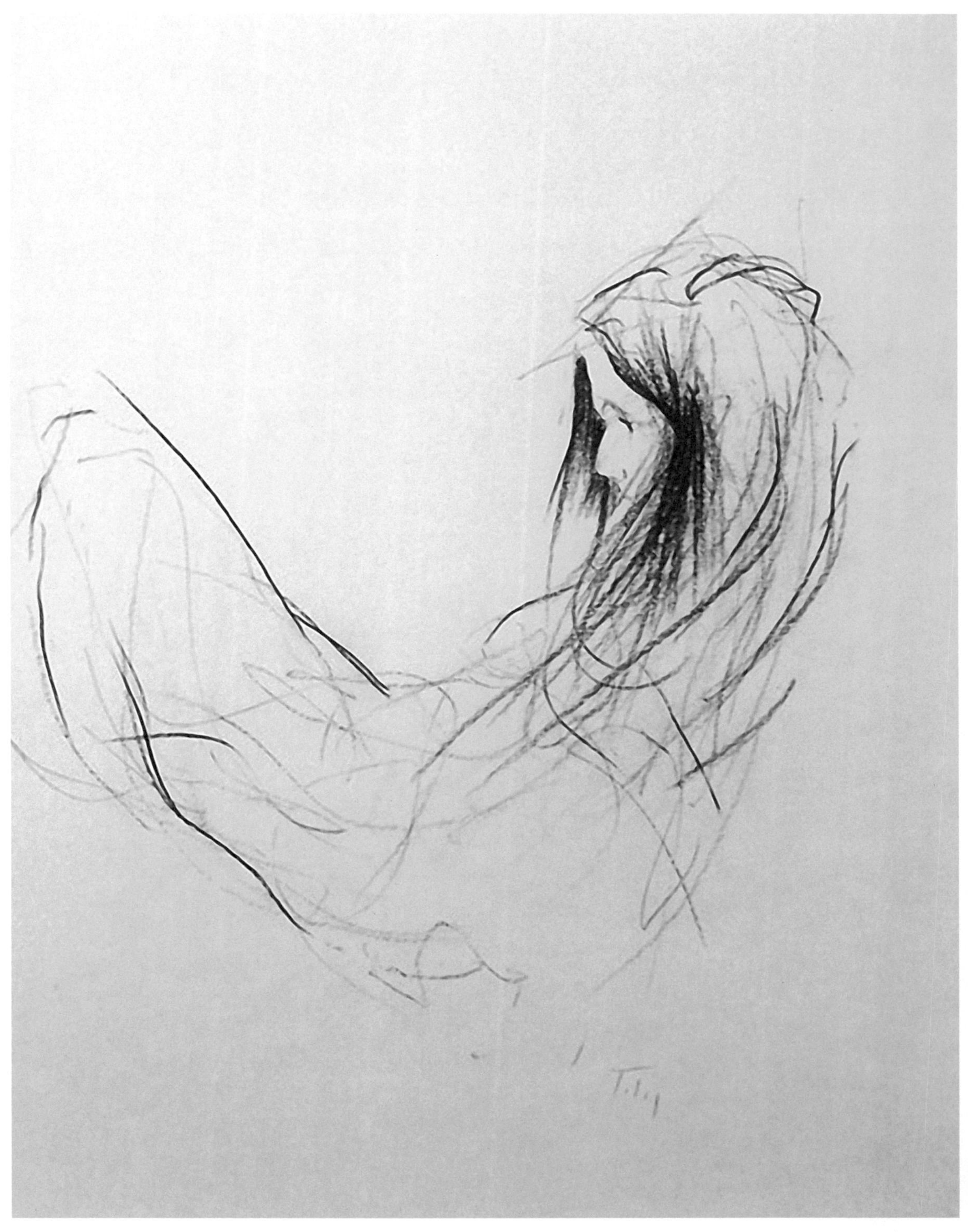

Gesture
Joel Tidey
2014

EIN ANFANG

Erst schauen, dann zeichnen

Vor 200 Jahren ging es bei allen Zeichnungen des weiblichen Körpers um Sinnlichkeit und Verführung. Die Studie von Jean-Auguste-Dominique Ingres als Vorbereitung für sein Gemälde *Die große Odaliske* zeigt das perfekt.

In dieser eleganten Zeichnung sieht der Betrachter die nackte Odaliske von hinten. Die feine Schattierung verleiht der nackten Figur feine Weiblichkeit. Und genau die Form der Pose ist meisterhaft. Ingres akzentuiert die Eleganz und Sinnlichkeit seines Modells, indem er die Kurve ihres Rückens verlängert. Diese subtile Streckung der Wirbelsäule sorgt für eine übertriebene S-Form, die die Struktur der gesamten Zeichnung untermauert.

Nehmen Sie sich zwei Minuten Zeit, Ihr Modell nur zu betrachten, bevor Sie zeichnen. Sie müssen nicht übertreiben wie Ingres, doch wenn Sie die Grundform bzw. -struktur erkennen, haben Sie eine fundierte Basis für die gesamte Zeichnung.

Jeder Pose liegt eine einfache Struktur zugrunde.

ÜBUNG:

7 Minuten

2 Minuten nur hinschauen

5 Minuten zeichnen

Betrachten Sie vor allem Wirbelsäule, Schultern und Knie. Mithilfe dieser Grundstrukturen lassen sich bei jeder Figur definierende Formen erkennen, die eine Pose bestimmen.

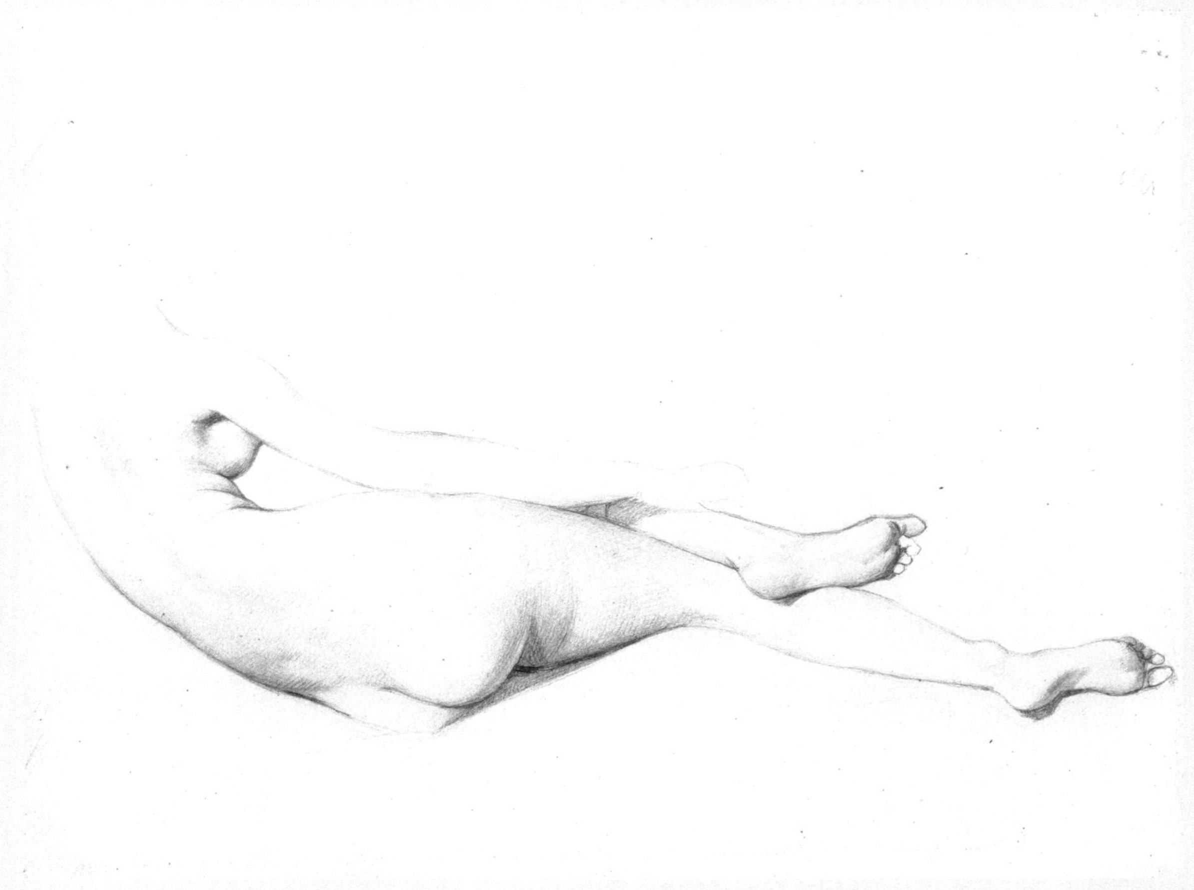

Studie für Die große Odaliske
Jean-Auguste-Dominique Ingres
1814

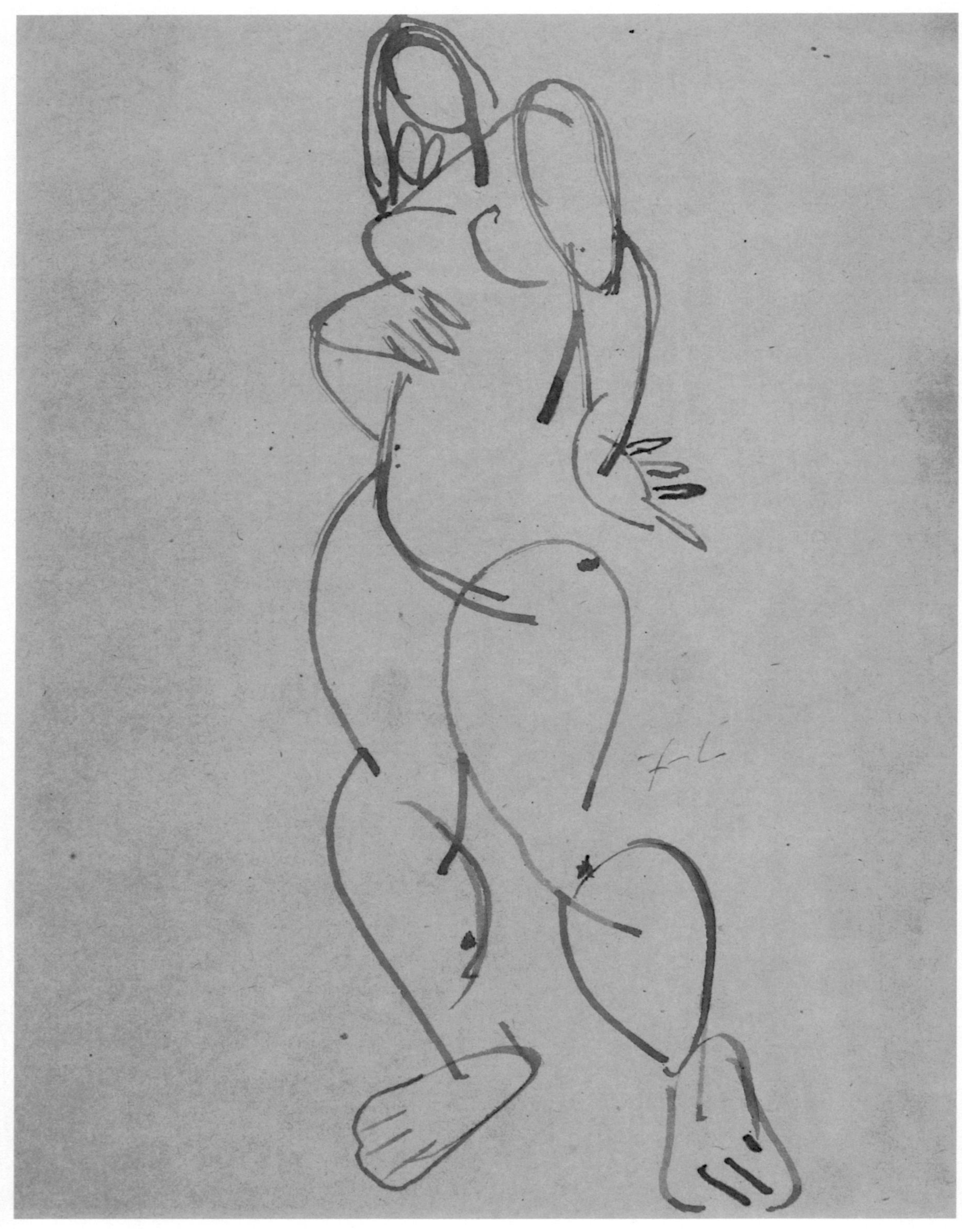

Stehende Frau
Fernand Léger
1911

Bausteine

Die übertriebenen Kurven und die scheinbare Leichtigkeit dieser Formen erinnern an eine Kinderzeichnung. Hinter der Einfachheit verbirgt sich jedoch Meisterschaft.

Die üppige Frau ragt über uns auf, eine Hand an der Hüfte, in leicht zurückgelehnter Pose, einzig angedeutet durch die reduzierte Größe des ovalen Kopfes. Léger hat dieses Gefühl der Pose perfekt eingefangen, das Gewicht der Figur ruht auf dem rechten Bein, der steile Winkel der Schultern wird durch eine einzige Linie beschrieben. Die Gediegenheit und Körperlichkeit des Modells wurde in einer Reihe von schnellen Ellipsen brillant festgehalten.

Suchen Sie nicht nach Details. Über die Form und Gestik einer Pose haben wir bereits gesprochen, aber es kommt auch auf das Gewicht und die Körperlichkeit einer Figur an.

Einfache Formen helfen, Form und Struktur festzuhalten.

ÜBUNG:

Fertigen Sie mit einer Reihe einfacher Formen wie in Légers Skizze eine Zeichnung an. Wenn Sie kein Modell haben, das für Sie posiert, arbeiten Sie mit einem vorhandenen Bild.

Nur Augen für das Motiv

Diese Skizze zeigt den stoischen Gesichtsausdruck und die Rastlosigkeit eines Soldaten, der auf Befehle wartet, die ihn wieder an die Front schicken. Als offizieller Kriegskünstler am Golf hatte Juhasz vermutlich nur Sekunden, um Action, Horror oder, wie hier, stille Momente der Ruhe einzufangen.

Juhasz reagiert direkt auf das, was er sieht – er zeichnet rasche, ausdrucksstarke Striche und forschende Linien, während sein Blick fast ausschließlich auf das Motiv gerichtet ist. Für Juhasz ist nur die Person wichtig.

Es ist leicht, sich angesichts einer Zeichnung zu fragen, warum sie nicht funktioniert. In neun von zehn Fällen liegt es daran, dass Sie sich Ihr Motiv nicht gründlich genug anschauen. Alles, was Sie für eine erfolgreiche Zeichnung brauchen, liegt genau vor Ihnen. Stellen Sie es sich so vor – Sie sollten wenigstens 80 Prozent Ihrer Zeit damit verbringen, Ihr Motiv anzuschauen.

Schauen Sie Ihr Motiv wenigstens 80 % der Zeit an.

ÜBUNG:

2 Minuten pro Zeichnung

3 Zeichnungen pro Seite

Das geht überall, wo Menschen sind. Halten Sie den Blick auf das Motiv gerichtet; schauen Sie nicht auf Ihre Zeichnung. Fassen Sie sich nicht vorher schon eine Meinung, wie Ihre Zeichnung aussehen soll, blicken Sie einfach auf die einzelnen Elemente der Person, während sich Ihr Stift über das Blatt bewegt. Stellen Sie sich darauf ein, viel zu zeichnen.

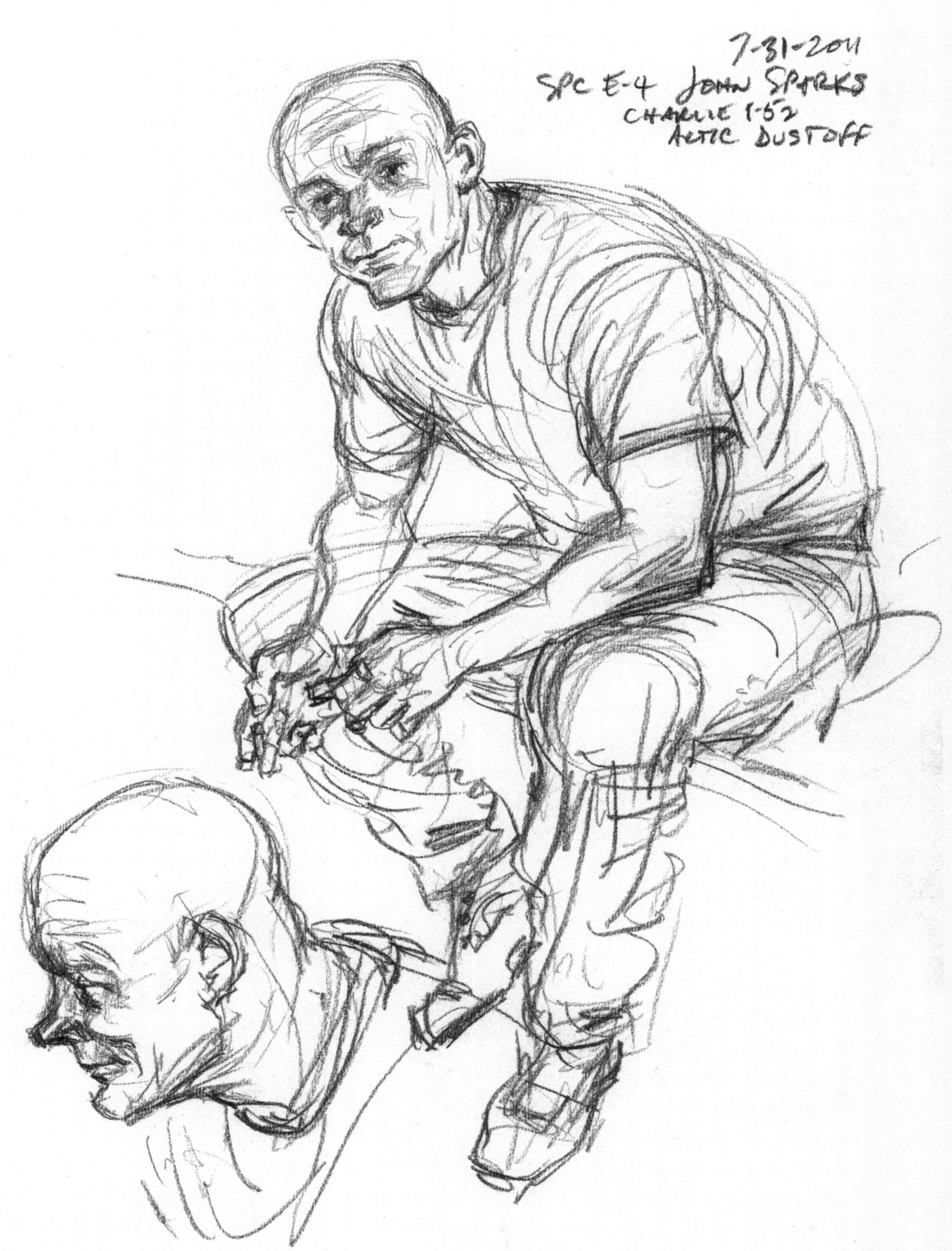

Golfkrieg
Victor Juhasz
2011

Wen schauen Sie an?

Sie müssen nicht losziehen und ein Modell anheuern – es gibt viele andere Möglichkeiten, zu üben und Ihre Fertigkeiten zu schulen:

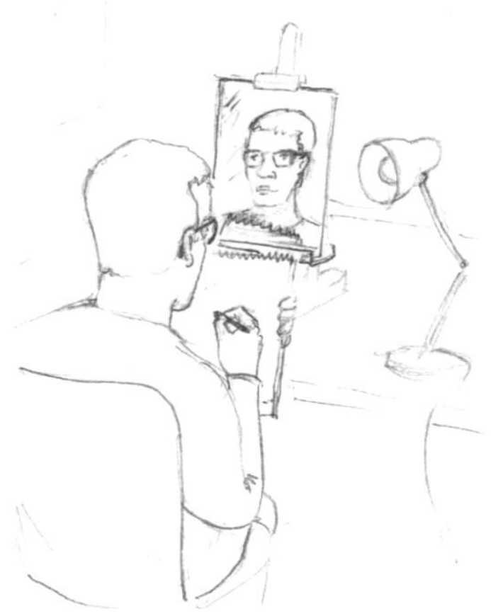

SICH SELBST

Das Selbstporträt ist ein Klassiker. Sie sind immer da, das heißt, Sie sind das perfekte Modell. Sie müssen sich auch nicht auf Ihr Gesicht beschränken – erkunden Sie ruhig auch andere Teile Ihres Körpers.

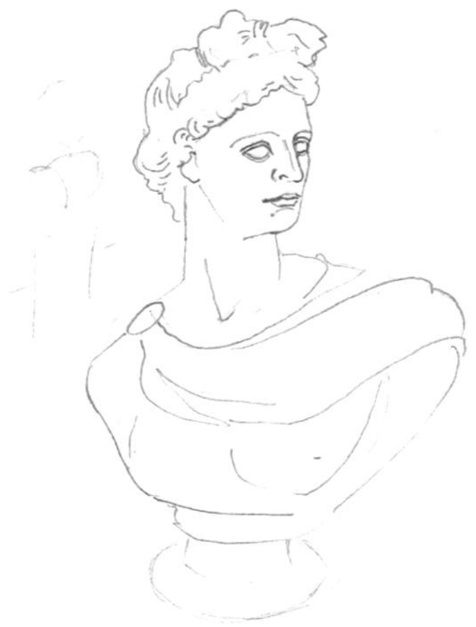

STATUEN IN GALERIEN UND MUSEEN

Anhand von Statuen und Büsten zu arbeiten ist eine gute Übung, um Menschen zu zeichnen. Sie bewegen sich nicht und es stört sie nicht, falls Ihre Zeichnung ihnen nicht ähnlich sieht. Viele Museen laden zum Zeichnen ein und stellen sogar Hocker zur Verfügung, um das Ganze etwas angenehmer zu machen.

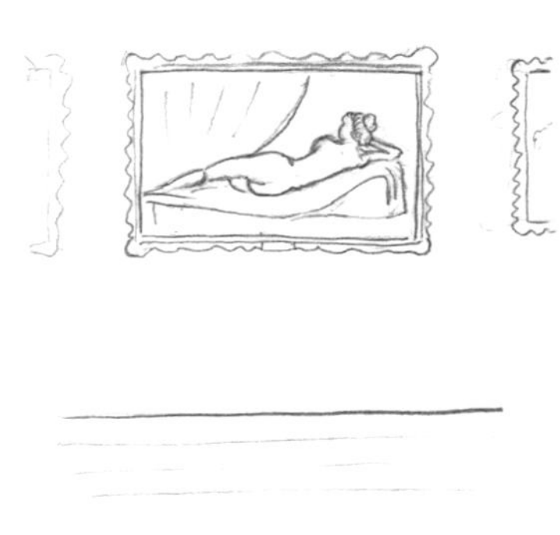

GEMÄLDE IN GALERIEN UND MUSEEN

Das mag jetzt seltsam klingen, aber seine Skizzen an die Werke großer Meister anzulehnen, ist eine ausgezeichnete Methode, um sein Verständnis von Posen weiterzuentwickeln. Seien Sie sich jedoch bewusst, dass Sie anhand einer zweidimensionalen Fläche arbeiten.

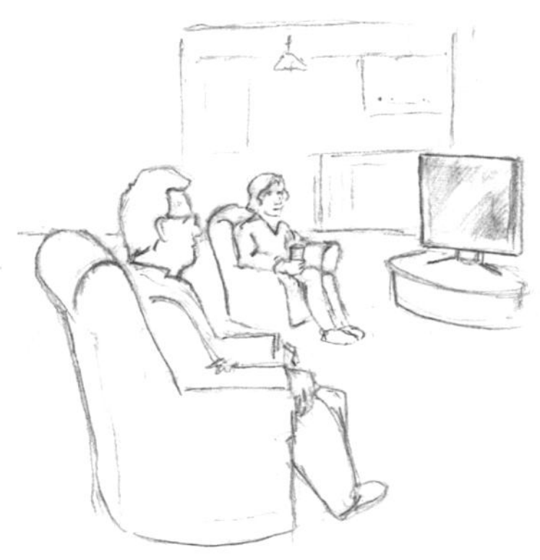

FAMILIE UND FREUNDE

Ihre Freunde und Familienmitglieder sind eine fantastische und nachsichtige Möglichkeit, um ihre Zeichentechniken zu üben und auszubauen. Dies sind Menschen, die Sie kennen und lieben, mit denen Sie viel Zeit verbringen – wer eignet sich besser, um sie aufs Papier zu bringen?

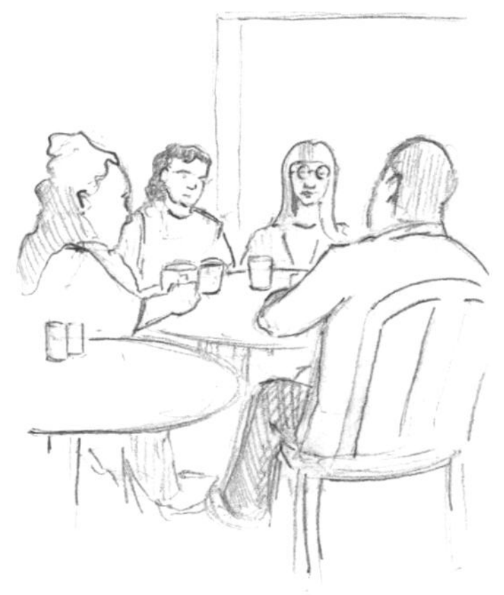

FREMDE

Sie sind überall. Und obwohl Sie dabei sind, machen diese Leute einfach weiter mit dem, was sie gerade tun. Dafür sind sie eine unendlich faszinierende Ressource, um den schnellen Strich zu üben.

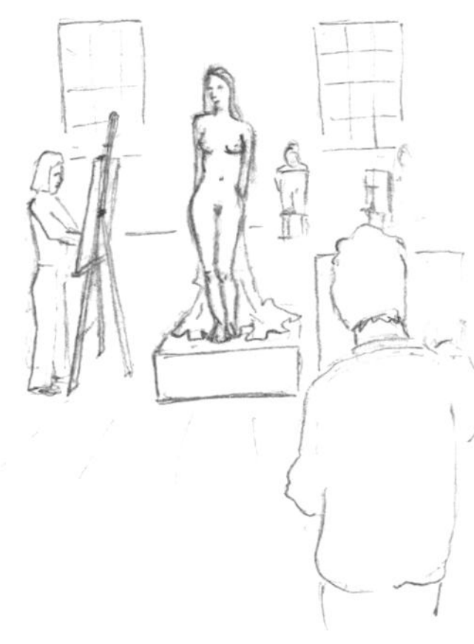

MODELLE

Ein organisierter Zeichenkurs ist immer eine großartige Möglichkeit, um Ihre Fertigkeiten zu üben und zu steigern. Sie müssen nicht Leonardo da Vinci sein, um daran teilzunehmen – es gibt Kurse für alle Qualifikationen.

TECHNISCHER EXKURS

Referenzmaterial

1

BEOBACHTENDES ZEICHNEN

Das Zeichnen »nach der Natur« ist die traditionelle Herangehensweise, um Menschen zu zeichnen, und nach Meinung vieler Künstler und Kunstlehrer die einzige Art, die menschliche Form zu zeichnen. Die einzige ist sie nicht, aber doch großartig, und alle Techniken in diesem Buch beziehen sich auf das Zeichnen anhand direkter Beobachtung.

Wenn Sie nach einem echten Vorbild zeichnen, nehmen Sie etwas Dreidimensionales und übertragen Sie es auf eine zweidimensionale Fläche – das Papier. Das ist die Herausforderung. Der Vorteil besteht darin, dass Sie alles sehen können; alle visuellen Informationen, die Sie brauchen, um eine Zeichnung zu erschaffen, haben Sie direkt vor der Nase. Also haben Sie auch die völlige Kontrolle, was Sie zeichnen und was Sie weglassen. Menschen neigen dazu, sich zu bewegen. Wenn Sie Skizzen von Fremden anfertigen, müssen Sie damit rechnen, doch selbst das erfahrenste Model im Zeichenkurs bewegt sich ein klein wenig, wenn es eine Pose hält. Dann müssen Sie überarbeiten oder sich auf Ihr Gedächtnis verlassen. Überarbeitung und Erinnerung sind wichtige Fertigkeiten für einen Künstler, der nach der Natur arbeitet.

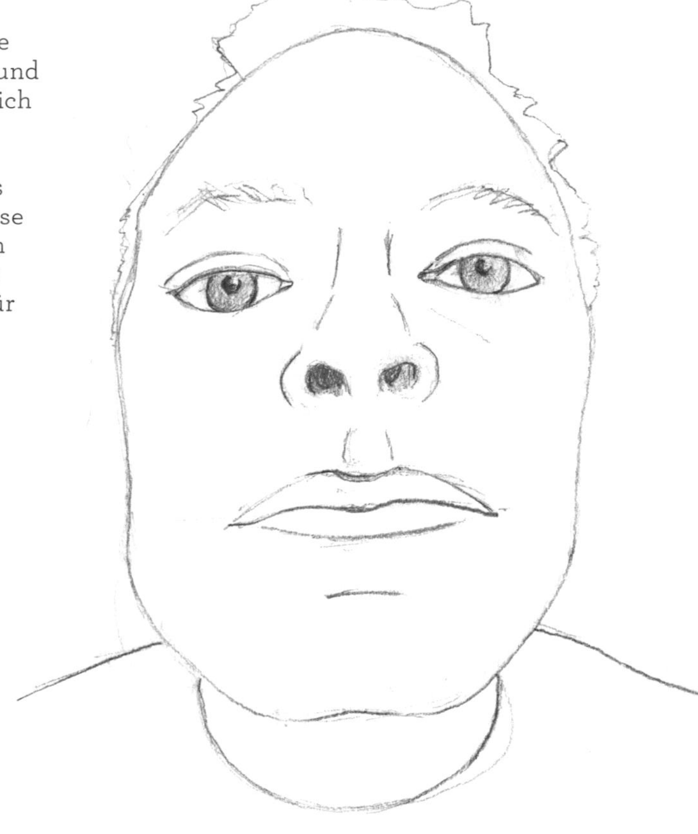

TONNEN-/OBJEKTIVVERZERRUNG
Das Motiv befindet sich zu nah vor der Kamera und ist deshalb verzerrt.

2
FOTOGRAFISCHE REFERENZEN

Nach einem Foto zu arbeiten, ist in vielerlei Hinsicht einfacher. Erstens bewegen sich die Motive nicht. Sie sind außerdem bereits zweidimensional und lassen sich leichter auf Papier übertragen. Allerdings sieht eine Zeichnung, die nach einem Foto gemacht wurde, oft auch danach aus, denn ein Kameraobjektiv verzerrt ein Bild etwas. Eine dieser Verzerrungen ist die Tonnenverzerrung, bei der bestimmte Elemente unverhältnismäßig groß erscheinen.

Ein Foto ist eine bearbeitete Version des wirklichen Lebens. Da eine Kamera nicht so raffiniert ist wie das menschliche Auge, kann sie nicht alle verfügbaren visuellen Informationen einbeziehen. Stattdessen wählt sie entweder den hellsten oder den dunkelsten Bereich für die Belichtung aus. Das bedeutet, dass der Schatten in einem Foto wie ein großer schwarzer Bereich aussieht, während er in Wirklichkeit deutlich mehr Tonwerte aufweist.

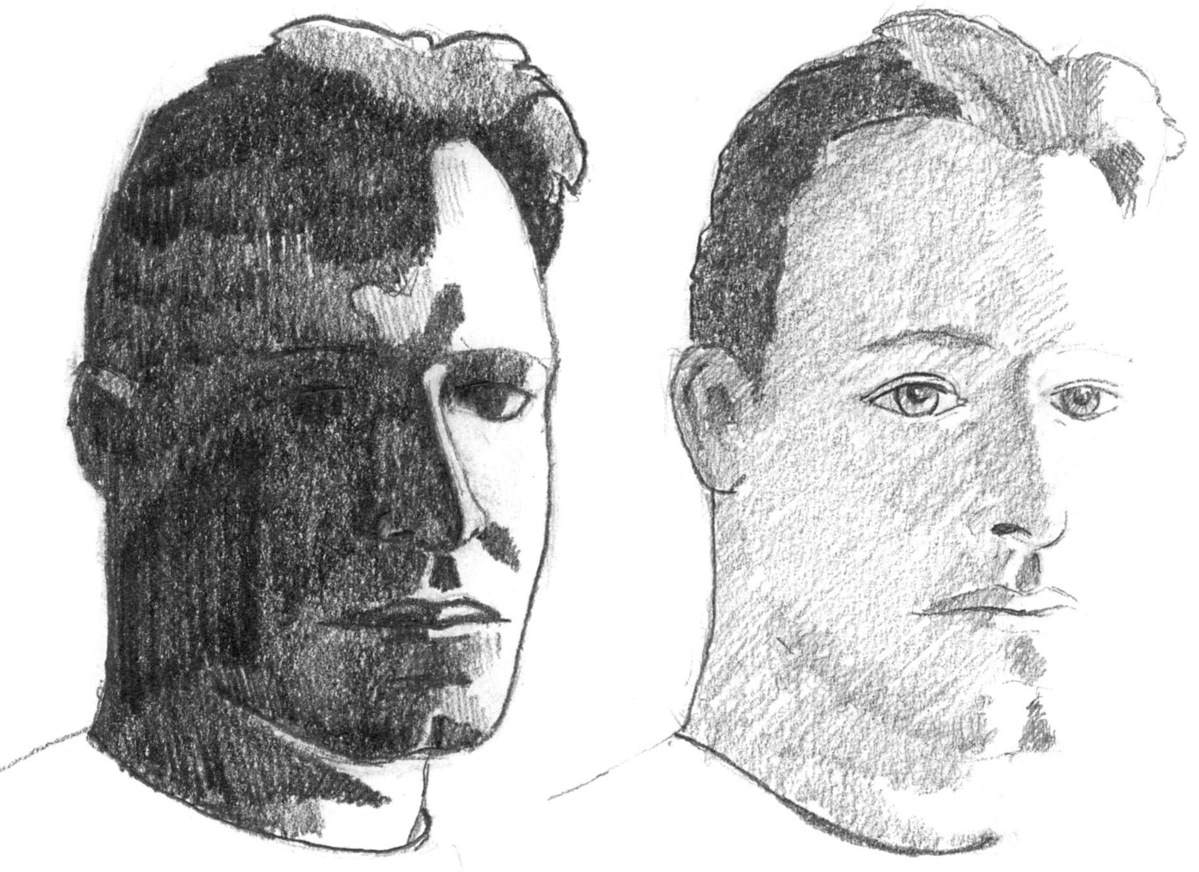

UNTERBELICHTETES FOTO

Große Bereiche sind einfach nur schwarz. Die Details in den Schatten sind nicht zu erkennen.

ÜBERBELICHTETES FOTO

Große Bereiche sind ausgeblichen oder weiß. Die Details in den Lichtern sind nicht zu erkennen.

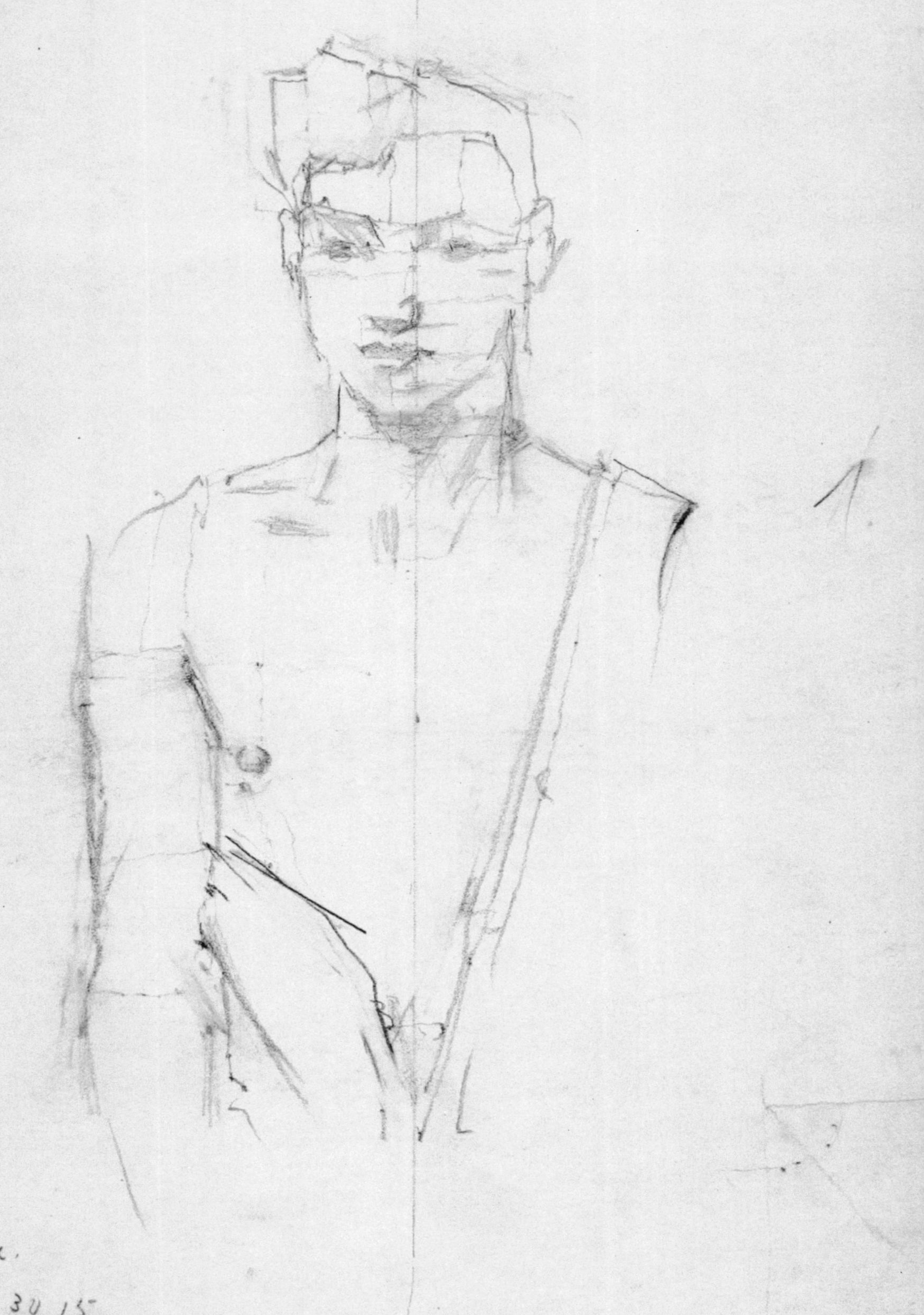
Charlie.
90 60 30 15
UWR, March 7th
1931.

Akkuratesse

Die menschliche Form ist gleichermaßen vertraut wie mysteriös. Deswegen ist sie ein so faszinierendes, aber auch respekteinflößendes Motiv. Im vorherigen Kapitel ging es darum, schnell und instinktiv zu arbeiten. Hier lassen wir die Dinge langsamer und überlegter angehen. Wir schauen uns einfache Techniken an, die Ihnen helfen, den Prozess des Zeichnens einer Figur oder eines Gesichts in überschaubare Abschnitte zu zerlegen.

Sie müssen es zerlegen, um es aufzubauen.

Ein Motiv aus der realen Welt auf Papier zu bringen, geschieht nicht mal eben so. Eine Zeichnung von der komplexen Struktur der menschlichen Form erfordert Geduld – und manchmal sieht Ihre Zeichnung keineswegs aus wie die Person vor Ihnen.

Diese Skizze von Charlie Parker zeigt den Prozess, den Denman Waldo Ross durchlief, um eine exakte Zeichnung zu entwickeln. Er setzte verschiedenste Markierungen und Linien, um die Position der verschiedenen Elemente abzuschätzen. Achten Sie darauf, wie viele der Markierungen in diesem frühen Stadium vorsichtig und schwach sind, sodass sie leicht geändert und verschoben werden können, während sich die Zeichnung entwickelt.

Oft entstehen Zeichnungen genau so – nicht als komplette Form, sondern indem sie sich langsam entwickeln. Der Schlüssel ist die Überarbeitung. Die erste Linie ist nicht immer die richtige Linie, seien Sie also bereit, sie zu ändern. Es kann herzzerreißend sein, wenn man viel Zeit für kleinste Details aufgewendet hat, nur um später zu merken, dass die Proportionen nicht stimmen. Bringen Sie das Motiv in grober, aber exakter Form zu Papier, bevor Sie sich den Details widmen.

Charlie Parker
Denman Waldo Ross
1931

AKKURATESSE

Messen und markieren

Euan Uglow schien eher ein Techniker als ein Künstler gewesen zu sein. Sein Werk ist wunderbar präzise und seine Zeichnungen zeigen all die Anzeichen und Vermerke, die ihm halfen, allem laserartige Exaktheit zu verleihen.

Dieser Prozess war langsam und akribisch. Uglow nutzte seinen Bleistift, um wieder und wieder zu messen und alle Teile der Figur miteinander zu vergleichen, damit alle Proportionen korrekt waren. Zuerst setzte er kleine Markierungen, wohin die Linien schließlich kommen würden. Uglow kennzeichnete die Positionen wichtiger Elemente der Figur und nahm ständig kleine Veränderungen vor, während er die Linien immer wieder prüfte. Erst wenn seine Proportionen exakt waren, legte er sich auf einen endgültigen Umriss fest.

Setzen Sie die Grundelemente Ihrer Figur ins richtige Verhältnis.

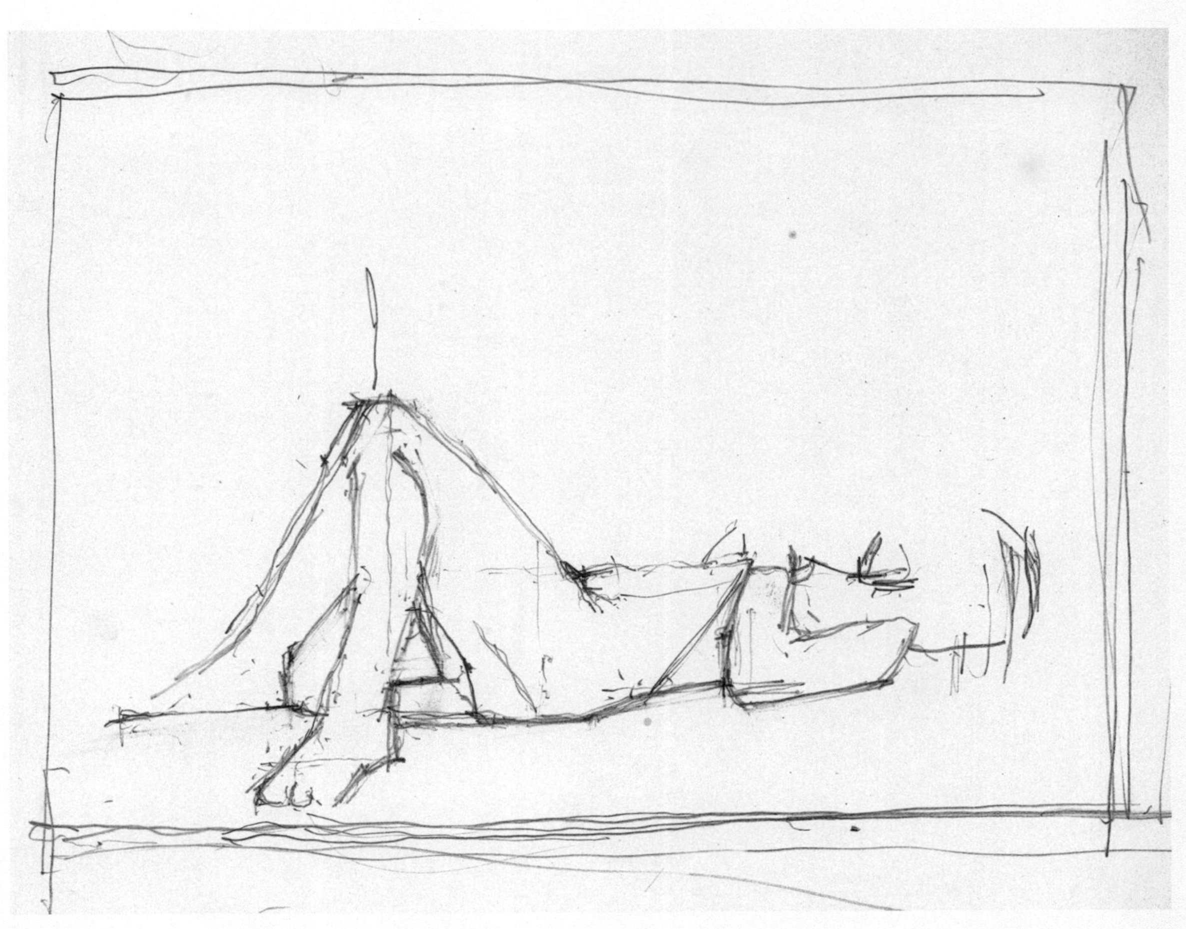

Studie für The Quarry,
Pignano
Euan Uglow
1979

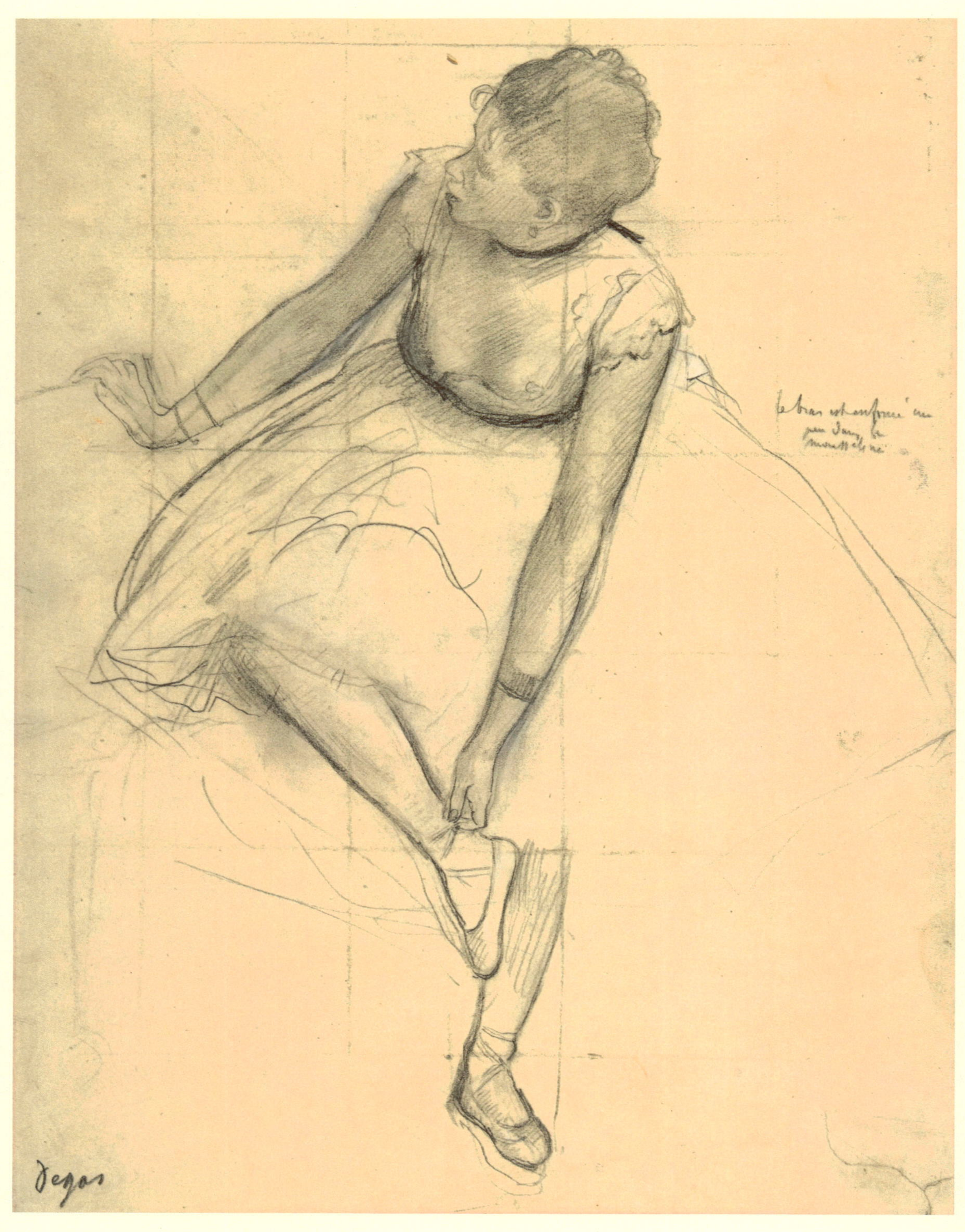

Tänzerin, die ihren Ballettschuh richtet
Edgar Degas
1874

Beziehungen aufbauen

Diese Zeichnung stammt aus einer Serie, die Degas in Vorbereitung eines größeren Stücks fertigte (Ruhende Tänzerinnen, 1874). Sie zeigt einen flüchtigen Augenblick – eine Tänzerin richtet das Band ihres Ballettschuhs –, ist aber trotzdem mehr als nur eine schnelle Skizze.

Degas hat die lockere Anmut der Ballerina eingefangen. Das Tutu ist leicht und skizzenhaft angedeutet, doch die elegante Pose der Tänzerin, die Neigung ihres Kopfes und der Winkel ihres Körpers sind klar definiert und zeigen Gewicht und Festigkeit.

In diesem Beispiel verwendete Degas ein Raster, um seine Zeichnung auf die Leinwand zu übertragen, aber darum geht es mir hier nicht. Ich wollte mit dieser Zeichnung demonstrieren, wie Sie die Winkel einer Figur ermitteln. Außerdem ist es ungemein wichtig, abzuschätzen, wo sich die verschiedenen Elemente einer Figur relativ zu den jeweils anderen befinden. Entscheidende »Orientierungspunkte« wie Knie, Handgelenke und Schultern können Ihnen helfen, sich in der Zeichnung zurechtzufinden.

Wenn Sie sich die Position dieser Punkte erarbeitet haben, sind Sie auf einem guten Weg. Sie müssen dazu kein Raster über Ihre Seite zeichnen – legen Sie einfach den Bleistift in imaginären Linien über den Körper.

Akkuratesse heißt, die Beziehung zwischen wichtigen Elementen zu erkennen.

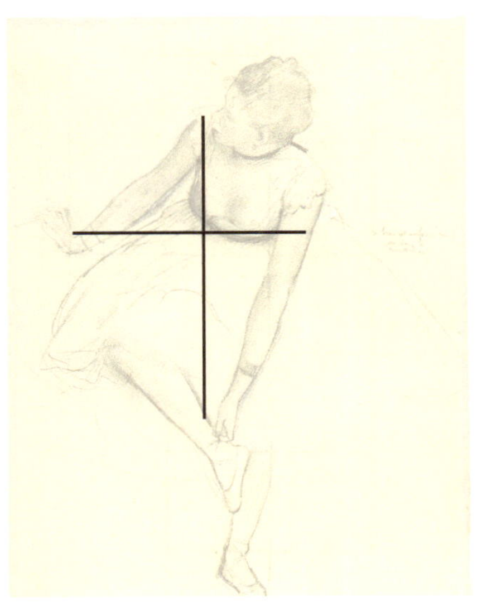

Auf der horizontalen Ebene ist das Handgelenk der Tänzerin auf der gleichen Höhe wie die Unterseite ihres Oberkörpers und ihr Oberarm auf der anderen Seite.

Auf der vertikalen Ebene liegt die rechte Schulter ganz eindeutig auf einer Linie mit dem rechten Fußknöchel der Tänzerin.

AKKURATESSE

Hilfslinien

Ebenso wie bei den Körperwinkeln ist es schwer, den Winkel des Kopfes darzustellen. Ändert er sich, erscheinen die Proportionen und die Positionen der Gesichtszüge weniger klar.

In dieser Zeichnung des Renaissance-Meisters Leonardo da Vinci verdeutlicht die sanfte Neigung von Marias Kopf wunderbar ihre Anmut und ihre Ruhe. Die vier kleinen Skizzen auf der linken Seite zeigen, wo er den Winkel des Madonnenkopfes und ihre Blickrichtung herausgearbeitet hat. Vorbereitung war bei Leonardo entscheidend und oft nutzte er in den Frühstadien schwache Hilfslinien, die sicherstellten, dass Winkel und Position der verschiedenen Elemente korrekt waren.

Vertikale und horizontale Hilfslinien waren im vorherigen Kapitel nützlich. Hier können Sie sehen, dass Ihnen z. B. zarte Linien, die Sie zu Beginn in einer Zeichnung setzen, helfen können, die Höhe der Augen festzulegen oder den Winkel des Mundes zu prüfen. Details und exakte Formen der Gesichtszüge können Sie bearbeiten, wenn alles an der richtigen Stelle liegt.

Hilfslinien sorgen dafür, dass sich die einzelnen Elemente Ihres Motivs an der richtigen Stelle befinden.

Augen und Mund sollten sich entsprechend der Neigung des Kopfes auf der horizontalen Ebene ausrichten.

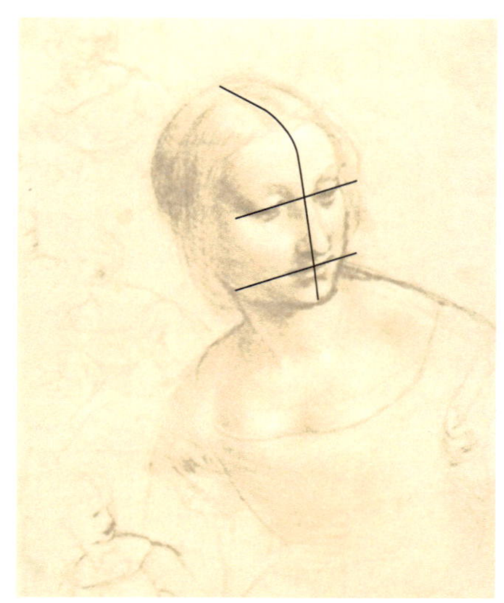

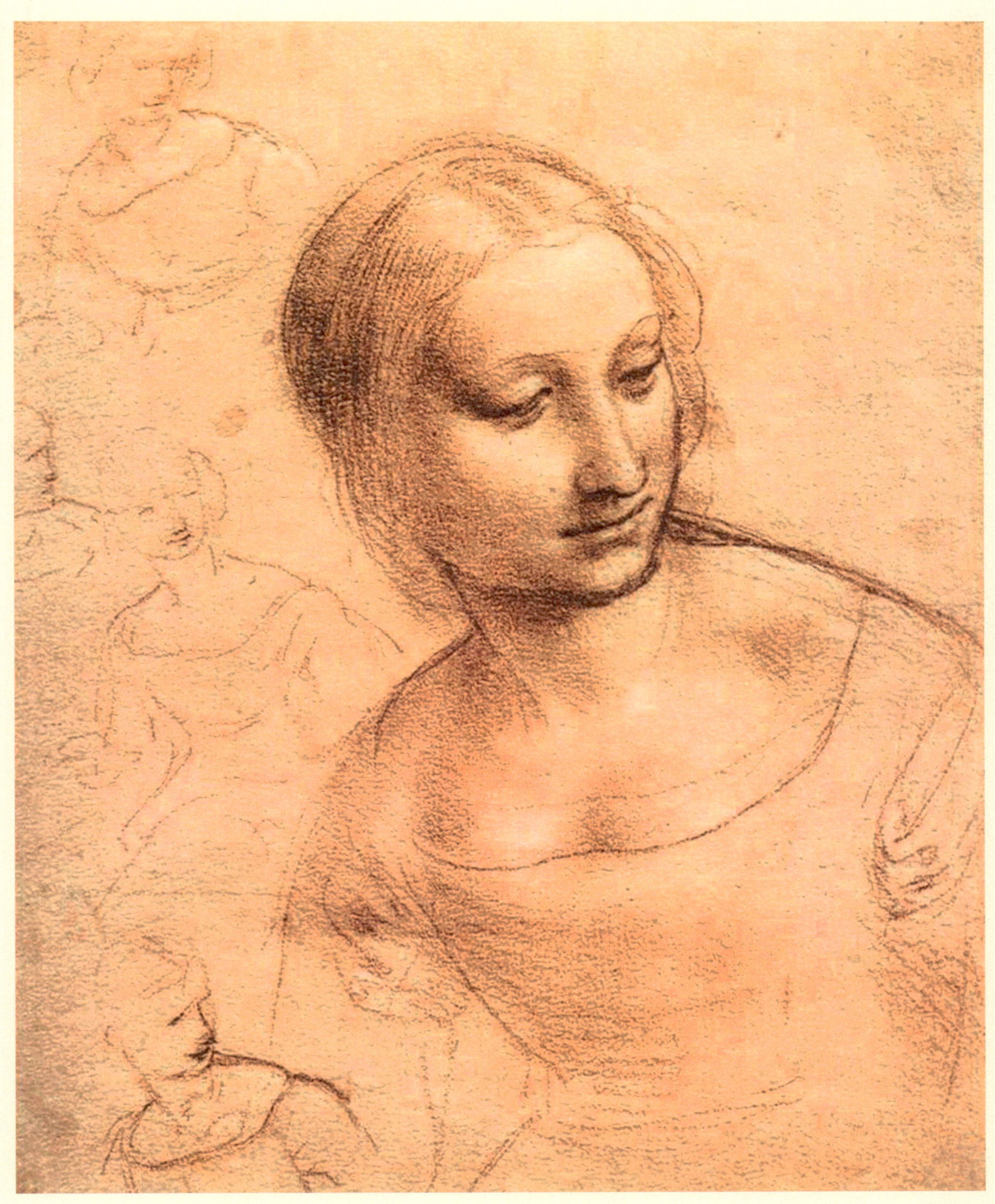

Studie für die Madonna mit der Spindel
Leonardo da Vinci
1501

TECHNISCHER EXKURS

Das Untendrunter

DAS SKELETT

Der menschliche Körper ist erstaunlich. Er bewegt, biegt und streckt sich, springt und macht noch viele weitere wichtige und nützliche Sachen, über die wir meist gar nicht nachdenken. Er ist eine raffinierte Maschine und wie bei allen Maschinen sind viele der interessanten Teile nicht einmal zu sehen.

Unter der Oberfläche geschieht alles Mögliche. Direkt unter der Haut haben wir Muskeln, Nerven, Sehnen, Bänder und Organe und unter all dem ein Skelett, die Struktur, die alles stützt und schützt.

Das klingt jetzt etwas nach Biologieunterricht, aber ein Verständnis für die Struktur des Körpers, wie alles zusammenpasst und warum wir uns so bewegen und so aussehen ist der Schlüssel für eine exakte Zeichnung.

Bestimmte Bereiche erfordern besondere Aufmerksamkeit.

Der Hals verbindet den Kopf mit dem Körper, und zwar zwischen dem Kiefer und der gebogenen Rückseite des Schädels.

Die Körperhaltung einer Person wird entscheidend von den Schultern beeinflusst – man hat zwei Schlüsselbeine, die horizontal liegen und eine starke Linie bilden.

Die Wirbelsäule bestimmt die Form einer Pose oder Haltung; sie ist flexibel und besteht aus 33 Wirbeln.

Das Becken (der Hüftknochen) ist ein großer Knochen, der die obere Hälfte des Körpers mit der unteren verbindet. Auch die Hüften bestimmen die Form einer Pose mit. Beachten Sie, dass die oberen Punkte der Hüfte fast auf der Höhe des Nabels liegen. Die Hüftform ist bei Männern und Frauen verschieden.

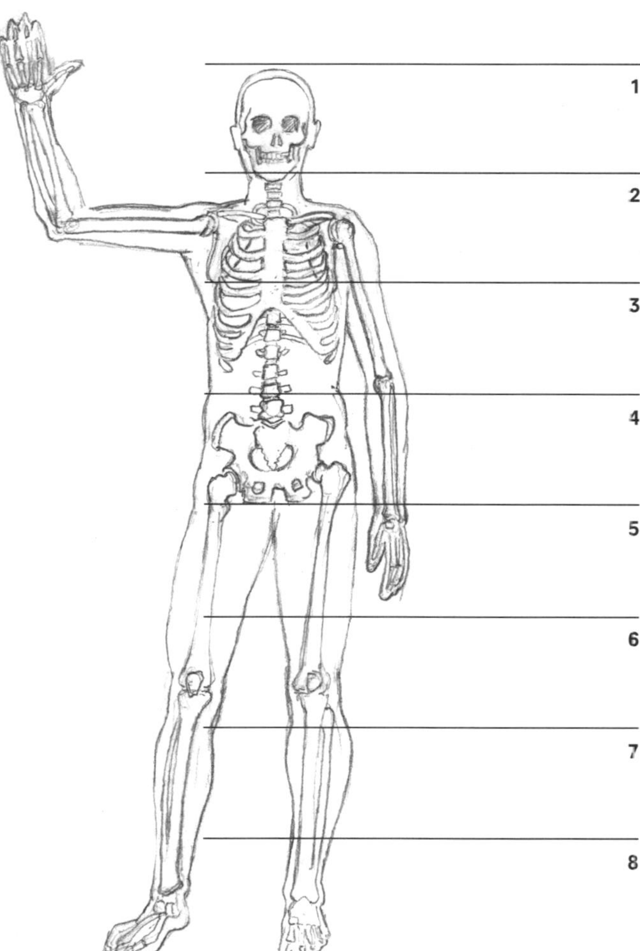

DER SCHÄDEL

Genau wie das Skelett bestimmt und formt der Schädel einen Großteil dessen, was wir an der Oberfläche sehen. Legen Sie jetzt einmal Ihre Hände auf Ihr Gesicht: Drücken Sie vorsichtig und Sie spüren eine darunterliegende Härte – die Wangenknochen, die Augenhöhlen (immer überraschend groß), den Kinnbogen, der in die Weichheit Ihres Halses ausläuft. All diese Dinge formen im wahrsten Sinne des Wortes Ihr Aussehen.

Auch für den Schädel gibt es einige allgemeine Regeln.

Die Mitte der Augenhöhle ist die Mitte des Kopfes. Wir vergessen das leicht, wenn wir eine Person anschauen, weil wir uns normalerweise nur auf das Gesicht unter dem Haaransatz konzentrieren und nicht den Kopf als Ganzes sehen.

Die Augen liegen viel weiter hinten, als man vermuten würde. Wenn Sie sich einen Schädel im Profil anschauen, sehen Sie, dass der hintere Teil der Augenhöhle fast in einer Linie mit der Mitte des Kiefers liegt.

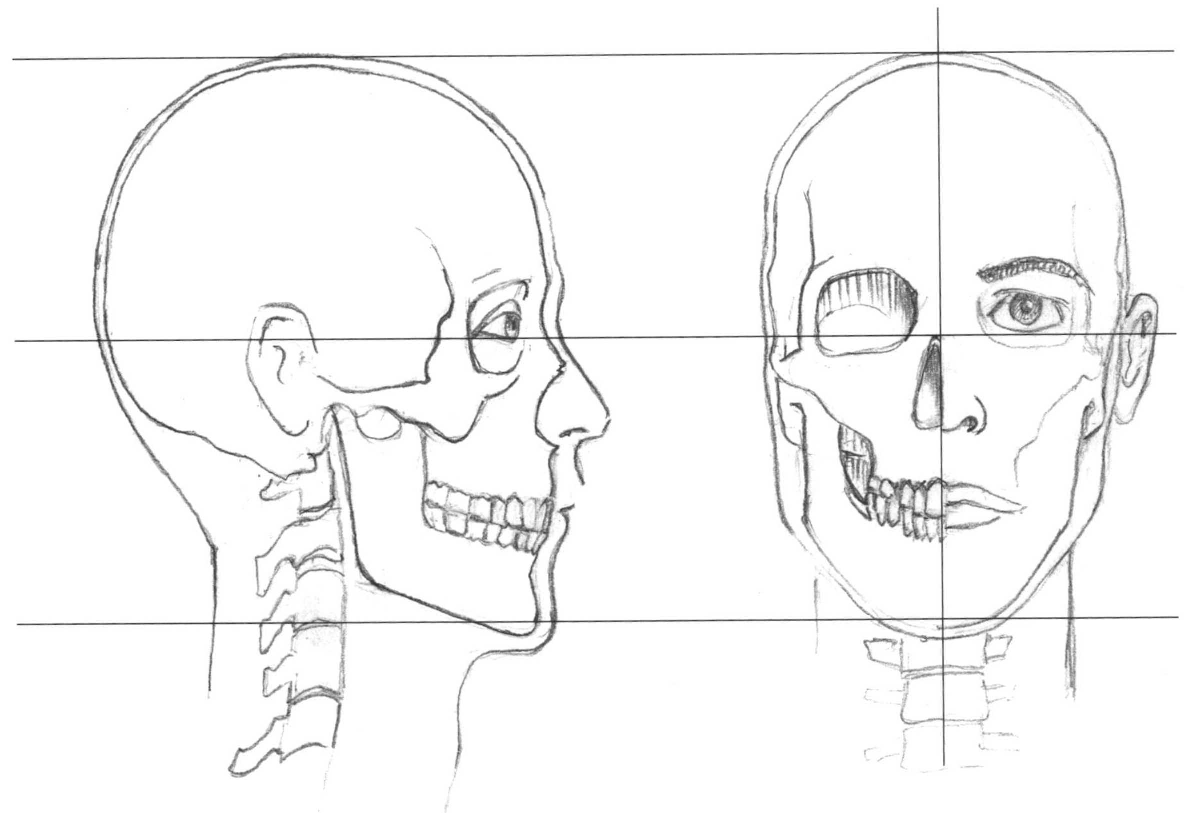

Schultern und Hüften

Leda verdreht leicht ihren Körper und senkt ihre Schultern, während sie den Hals des Schwans streichelt. Ihre Hüften drehen sich in die andere Richtung und ihr ganzes Gewicht ruht auf einem Bein. Diese Haltung wird als »Kontrapost« bezeichnet und vor allem von Hüften und Schultern bestimmt.

Dies ist eine sehr sinnliche Zeichnung. Diese Pose war unter anderem in der Renaissance so beliebt, weil ihre S-Kurve der Figur eine aufreizende Ausstrahlung verlieh. Raffael liebte diese im Kontrapost stehende, wunderschöne Leda so sehr, dass er diese Zeichnung von einer des Leonardo kopierte.

Ungeachtet der Pose oder Haltung bilden die Schultern und die Hüften die zwei Hauptachsen des Körpers. Stellen Sie sich zwei Linien vor, die über Schultern und Hüften verlaufen – Ihr Bleistift hilft Ihnen dabei. Wenn Sie diese Linien dünn als Hilfslinien einzeichnen, fällt es Ihnen leichter, die Grundstruktur der Pose zu erfassen.

Suchen Sie gleich zu Beginn den Winkel von Schultern und Hüften.

Hier sind die Schultern und die Hüften die Extrempunkte. Wenn Sie Linien hindurchziehen, sind diese Winkel leichter zu erkennen.

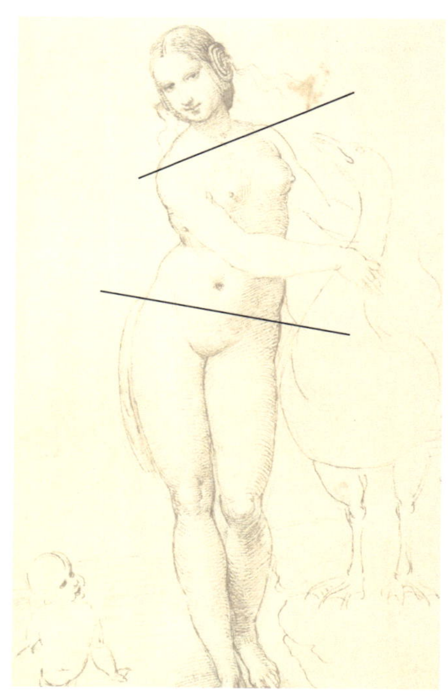

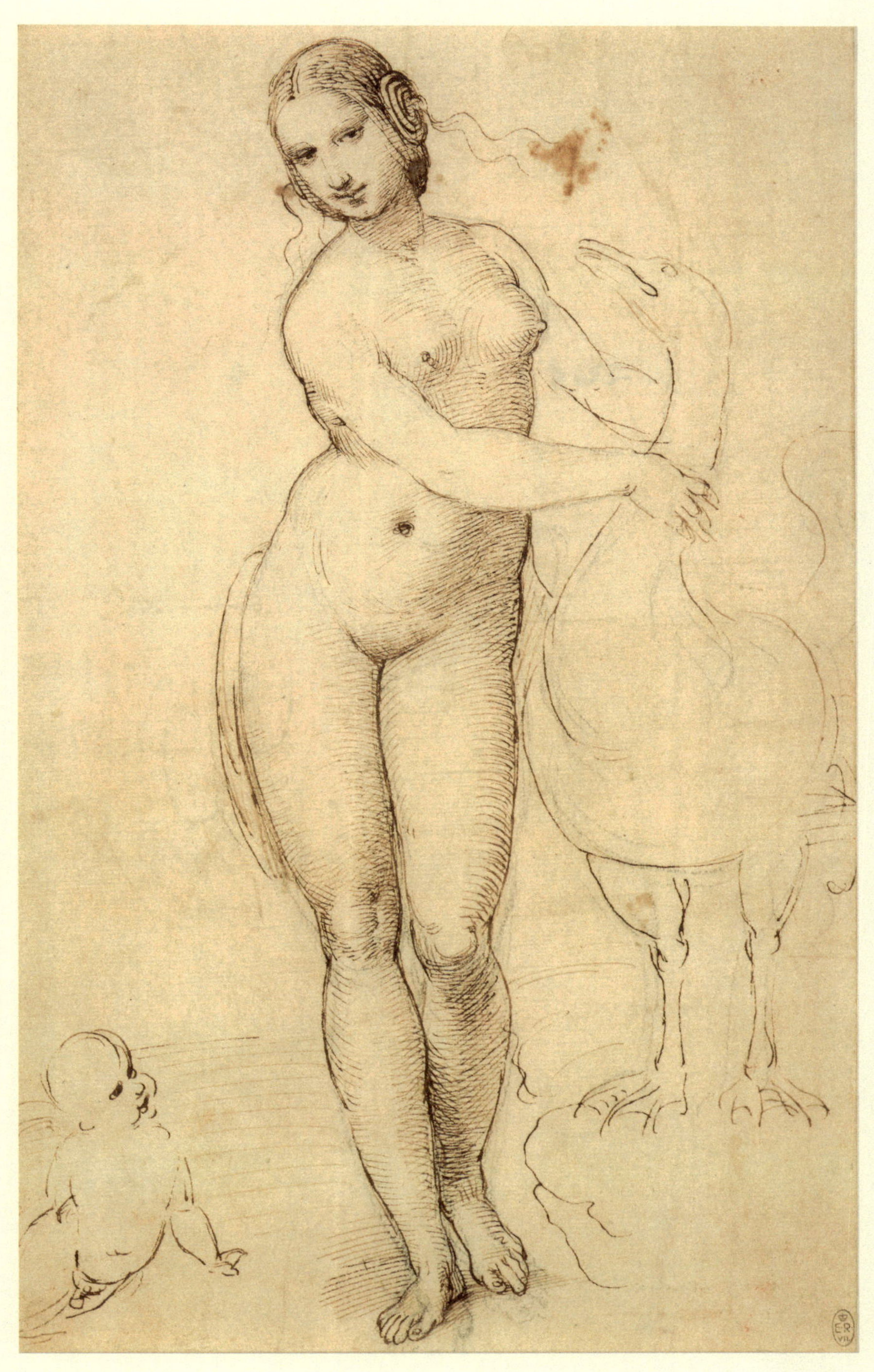

Studie zu Leonardos Leda
und der Schwan
Raffael
1507

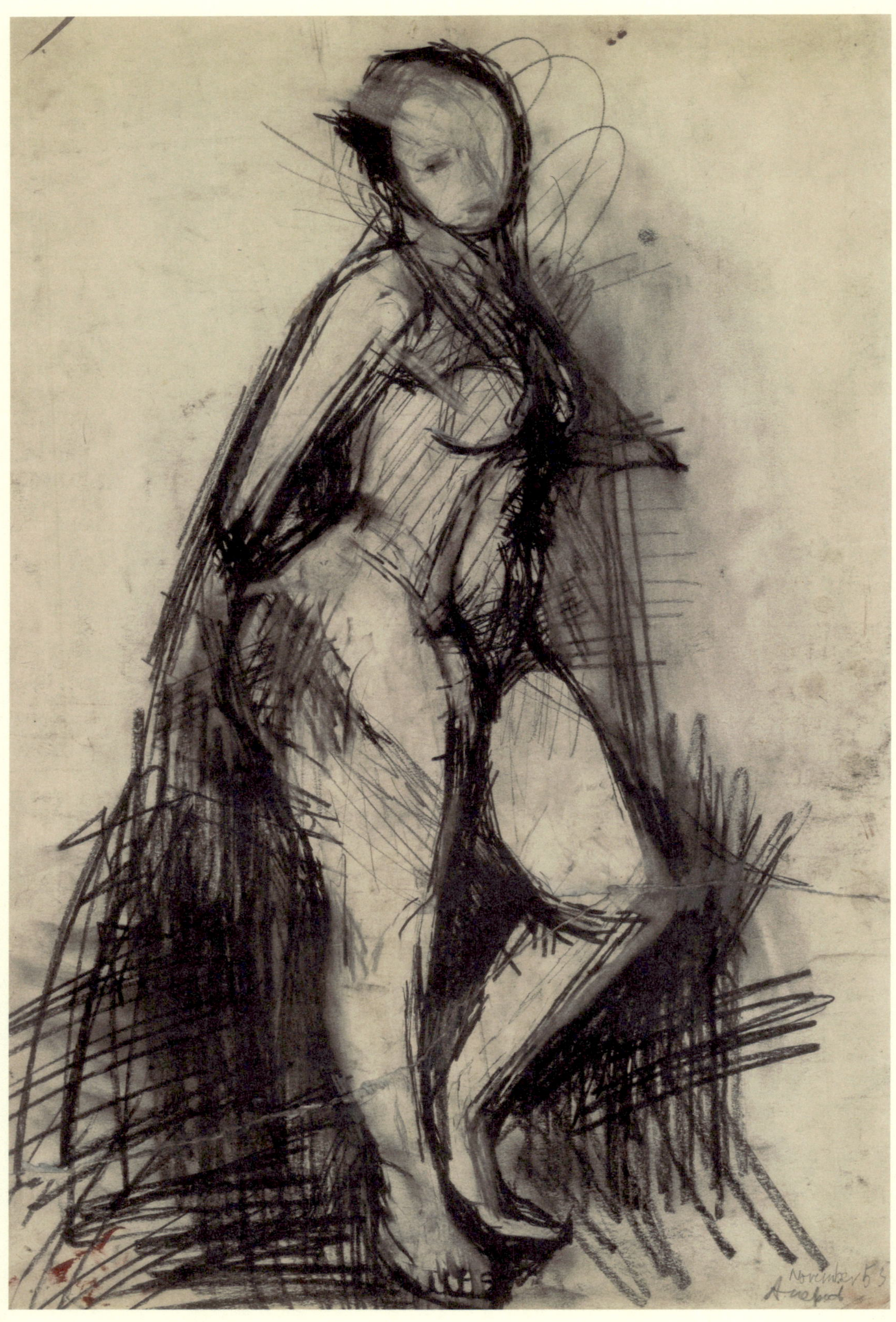
November 53

Negativer Raum liefert positive Ergebnisse

Kräftige Kurven und Formen dominieren diese Zeichnung – Auerbach scheint die Figur aus den starken, dunklen Markierungen geschnitzt zu haben.

Die Haltung dieses Modells ist vergleichbar mit Raffaels Leda, doch stilistisch ist diese Zeichnung völlig anders. Hier geht es um Körperlichkeit. Mit energischen Strichen gibt Auerbach der Zeichnung im unteren Teil Gewicht, nach oben laufen sie in ein verwischtes Gesicht aus, in dem die Züge nur angedeutet sind.

Die starke Linienführung zieht die Aufmerksamkeit auf den Raum um die Figur herum, dies wiederum betont die Form des Körpers selbst – die Bögen der Oberschenkel und Waden und den abgewinkelten Oberkörper. Die Form des Raums um die Figur herum – der sogenannte »negative Raum« – definiert die Form der Figur selbst.

Suchen Sie den negativen Raum, indem Sie sich um Ihr Motiv herum umsehen. Vergessen Sie auch nicht die Räume zwischen den verschiedenen Teilen der Figur. Ihr Bleistift hilft Ihnen dabei. Schließen Sie ein Auge, halten Sie den Bleistift gerade und verbinden Sie die Extrempunkte der Figur. Dadurch wird der Raum »eingeschlossen« und der negative Raum ist leichter zu sehen.

Betrachten Sie den Raum um die Figur herum, um ihre Form zu erkennen.

Stehender weiblicher Akt
Frank Auerbach
1955

AKKURATESSE

Aus Kästen aufbauen

Eine kantige Figur liegt auf einem ebenso kantigen Bett aus Kissen. Kantig, kastig, schön.

In dieser Zeichnung geht es um Struktur, betont dadurch, dass der Künstler die Figur und ihre Umgebung gleich behandelt hat – beide sind zu geometrischen Formen vereinfacht und werden durch starke, gerade Linien definiert. Diese quaderartigen Formen verleihen der Figur eine einfache Festigkeit; es gibt keine unnötigen Details – das ganze Bild dreht sich rein um die Struktur.

Es ist nicht leicht, ein überzeugendes Gefühl von Tiefe und Volumen zu erschaffen, wenn man eine Figur zeichnet. Menschen haben schließlich überall irgendwelche Kurven und Erhebungen. Catherine Kehoe löst dieses Problem, indem sie die Szene als Folge von geraden, kantigen Flächen darstellt, fast als würde sie aus Pappkartons bestehen.

Kehoes Herangehensweise ergibt wunderbar scharfkantige Zeichnungen, die Technik eignet sich aber auch, um im Anfangsstadium Ihrer Zeichnung die Form Ihrer Figur anzulegen. Wenn man die großen Komponenten der Figur als Quader betrachtet, ist es einfacher, Tiefe zu schaffen, die Proportionen festzulegen und die Exaktheit der Struktur zu sichern. Den Details kann man sich später zuwenden.

Das Zerlegen der Figur in einfache geometrische Formen hilft, ein Gefühl für die Form zu entwickeln.

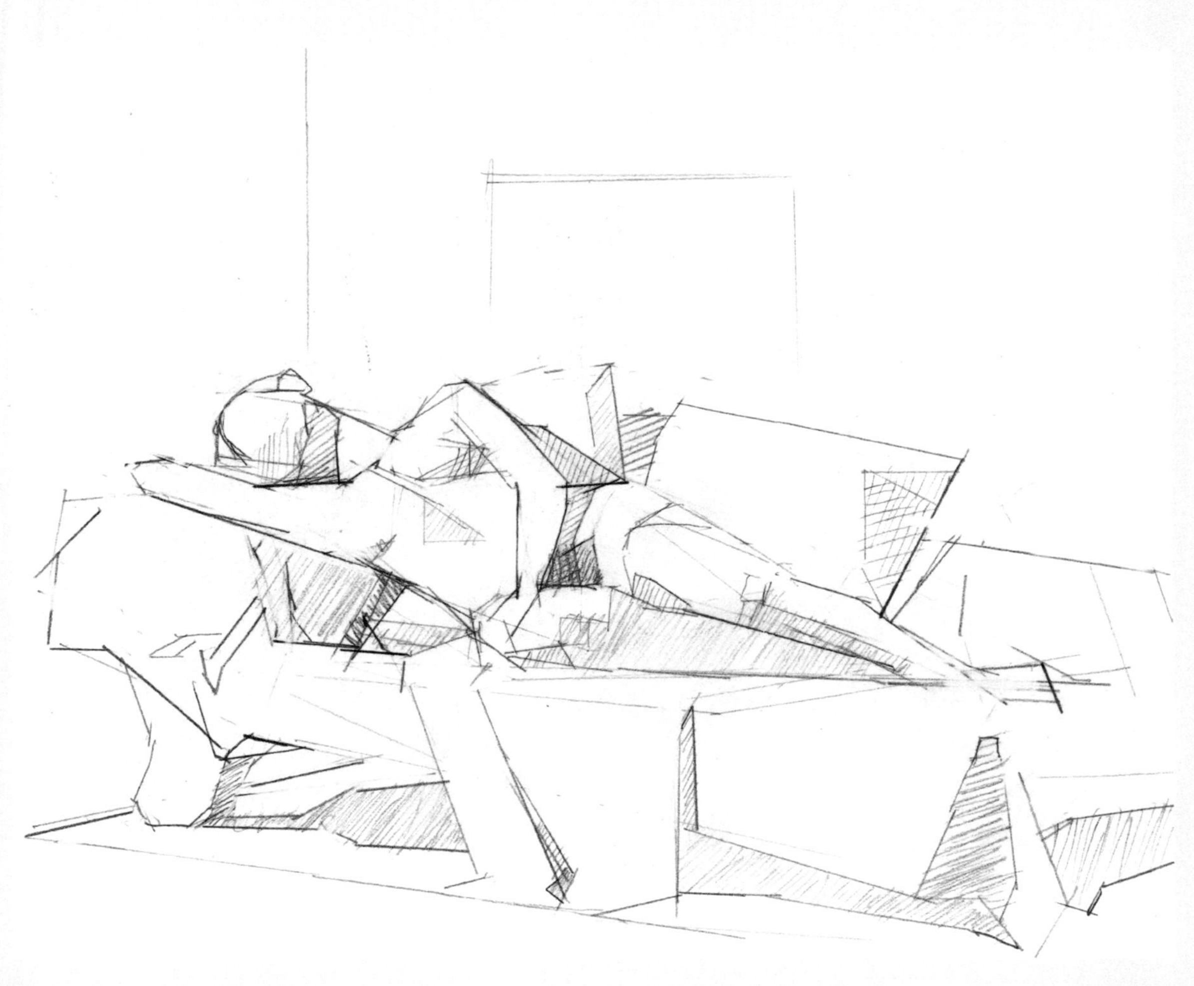

Modell am Black Pond
Catherine Kehoe
2016

TECHNISCHER EXKURS

Maßstab und Proportion

Eine exakte Darstellung einer Person aufzubauen, ist ein bisschen wie ein Puzzle – man muss herausfinden, wo etwas in Bezug auf etwas anderes liegt, und die Proportionen sollen ebenfalls stimmen. Eine entscheidende Technik ist hier das Messen Ihrer Figur. An dieser Stelle zeigt sich, dass Ihr Bleistift mehr ist als nur ein Werkzeug zum Zeichnen.

Bereits im Frühstadium einer Zeichnung müssen Sie auf die Struktur achten. Arbeiten Sie mit zarten Strichen, da sich die Dinge durchaus noch einmal ändern werden – Sie setzen hier eigentlich nur kleine Markierungen, um die Positionen der wichtigsten Elemente zu kennzeichnen, anstatt sie tatsächlich zu zeichnen.

Durch das Vergleichen der Maße untereinander bewahren Sie die korrekten Proportionen Ihrer Zeichnung. Gleichzeitig schaffen Sie es damit, den Maßstab richtig festzulegen. Es kann leicht geschehen, dass man zu zeichnen beginnt und mittendrin bemerkt, dass nicht die ganze Figur auf das Bild passen wird. Um dies zu vermeiden, markieren Sie, wo Ihre Figur positioniert werden soll.

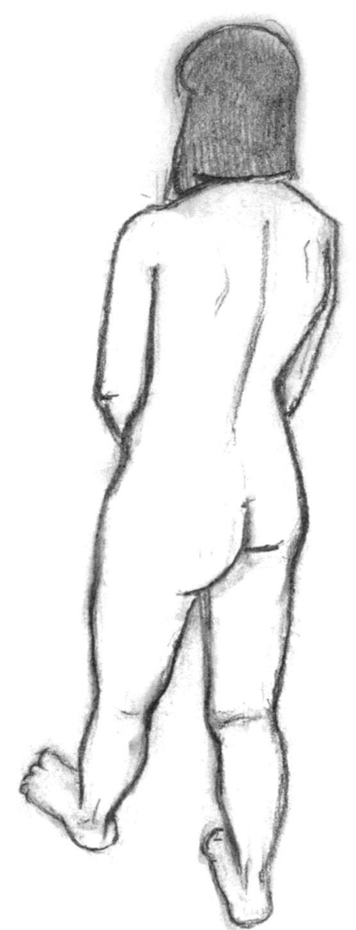

Wenn Sie mit einem Modell arbeiten, sollten Sie eine Staffelei benutzen, um Zeichnung und Modell gleich gut erkennen zu können. Sie müssen dazu keine echte Staffelei haben, aber es ist wichtig, sich so hinzustellen, dass Sie das Modell und Ihre Zeichnung bequem sehen können. Ihre Position zum Modell beeinflusst das Aussehen Ihrer Zeichnung. Wenn Sie auf das Modell herunter- oder zu ihm hinaufschauen, werden die Proportionen verzerrt – eine Verkürzung. In diesem Beispiel schauen wir leicht von oben auf das Modell hinunter, sodass seine Beine kürzer wirken.

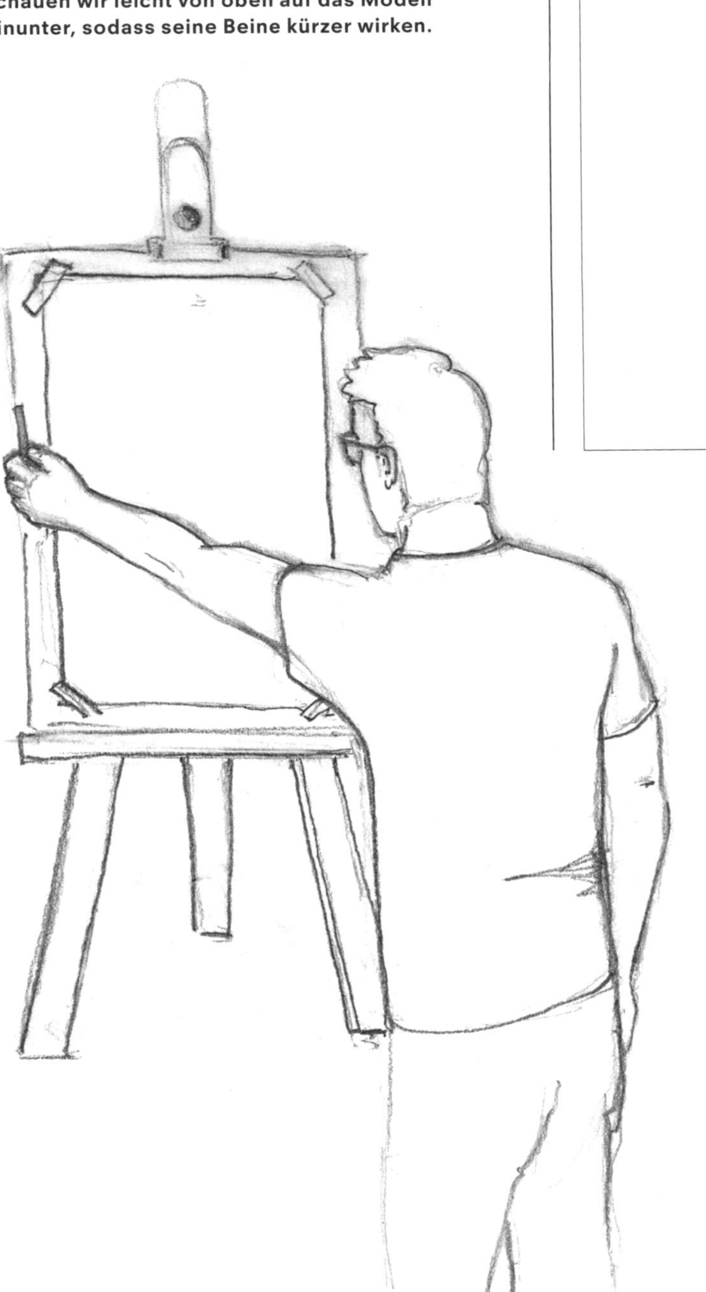

1

Entscheiden Sie, wo sich das Motiv auf der Seite befinden soll, und kennzeichnen Sie dies. Wenn Sie wollen, dass es die Seite nahezu komplett ausfüllt, ziehen Sie oben auf der Seite eine kurze Linie. Dort endet der Kopf. Eine weitere Linie unten auf der Seite gibt an, wo die Füße stehen werden.

2

Messen Sie nun mithilfe Ihres Bleistifts den Kopf Ihres Modells. Dazu strecken Sie den Arm aus und richten die obere Spitze des Bleistifts oben am Kopf Ihres Modells aus. Lassen Sie Ihren Daumen nach unten gleiten, bis er auf einer Höhe mit dem Kinn ist.

Jetzt haben Sie ein festes Maß. (Es muss nicht unbedingt der Kopf sein – er ist allerdings meist das einfachste feste Maß.) Zählen Sie nach unten, wie oft der Kopf in den Körper passt – in diesem Fall fünfmal.

Teilen Sie den Platz zwischen Ihren zwei Markierungen durch fünf, und schon haben Sie ein Layout, damit Ihre Zeichnung auf die Seite passt. Außerdem können Sie so alles richtig proportionieren.

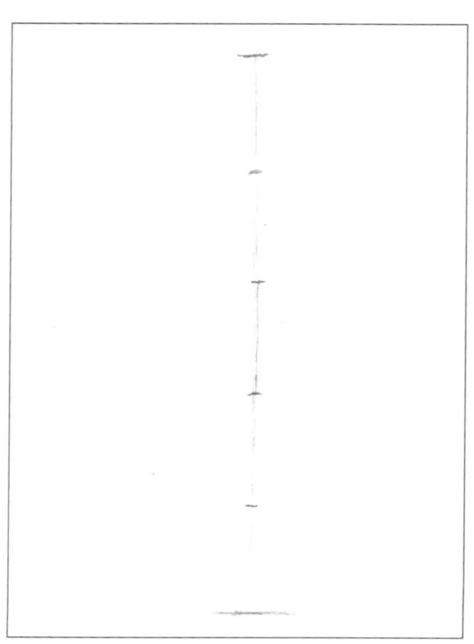

3

Markieren Sie nun leicht die Position des Kopfes und anderer Körperteile. Das kann in diesem Stadium ganz grob erfolgen – Sie planen Ihr Motiv ja gerade erst.

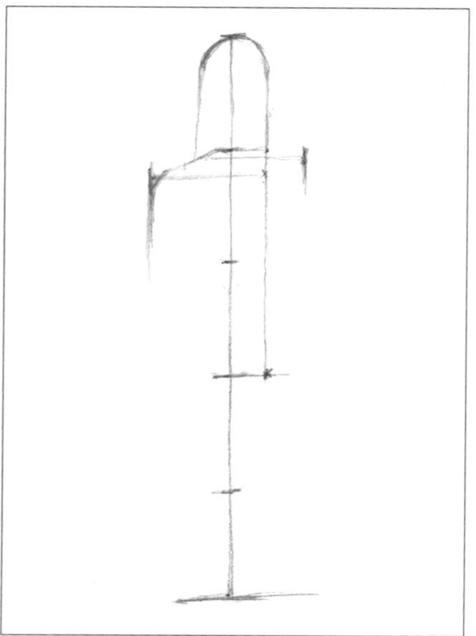

4

Vergleichen Sie nun die festen Maße des Kopfes mit den Maßen anderer Teile Ihres Motivs.

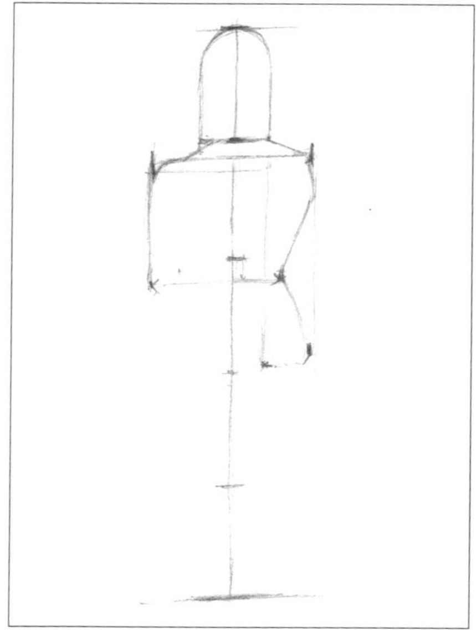

5

Drehen Sie Ihren Bleistift nun in die Horizontale und halten Sie den Arm weiter gestreckt; Ihre Messungen werden sonst nicht konsistent. Zählen Sie jetzt ab, wie viele »Köpfe« von Schulter zu Schulter passen.

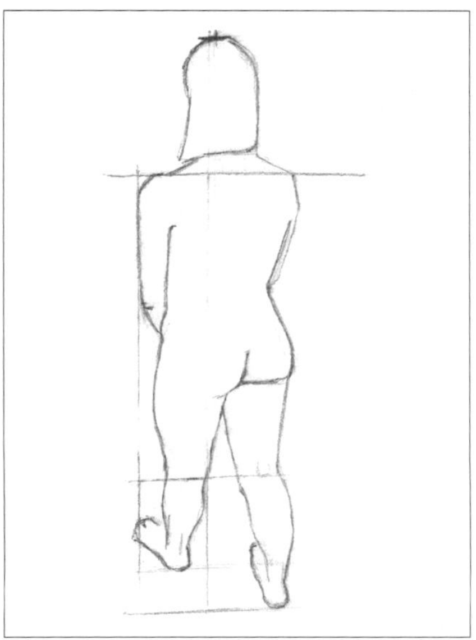

6

Suchen Sie nach den Formen, die den Körper bilden. Sie können diese schon dünn einzeichnen. Sie helfen Ihnen, die Struktur der Pose zu bewahren.

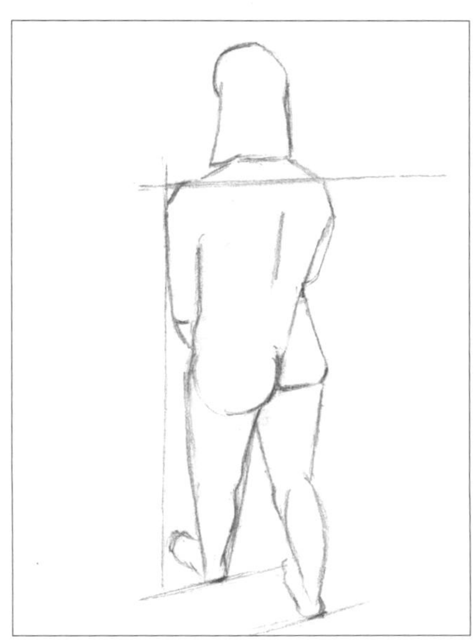

7

Suchen Sie nach dem negativen Raum. Halten Sie den Bleistift vor sich und schließen Sie ein Auge (dies hilft, die Szene abzuflachen). Legen Sie den Bleistift gegen zwei Extrempunkte Ihres Modells (hier Schulter und Gesäß). Dadurch entsteht eine flache Form, die Ihnen hilft, die Form des Modells deutlicher zu erkennen.

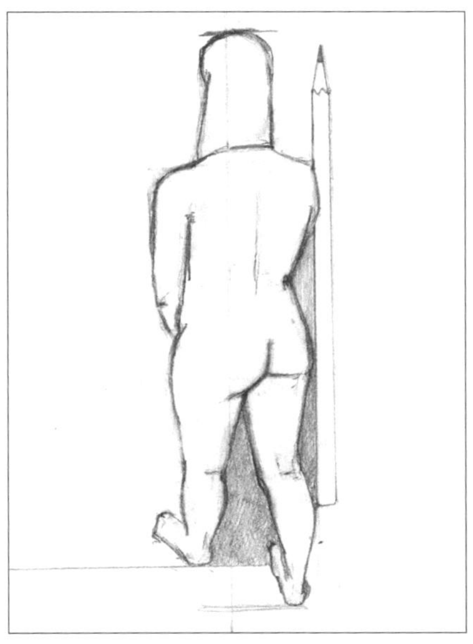

8

Im letzten Stadium säubern Sie Ihre Zeichnung einfach noch. Radieren Sie alle Markierungen oder Hilfslinien weg, die Sie beim Arbeiten möglicherweise gesetzt haben.

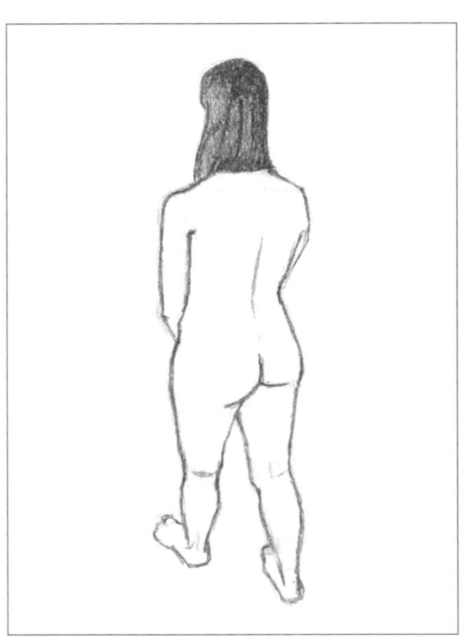

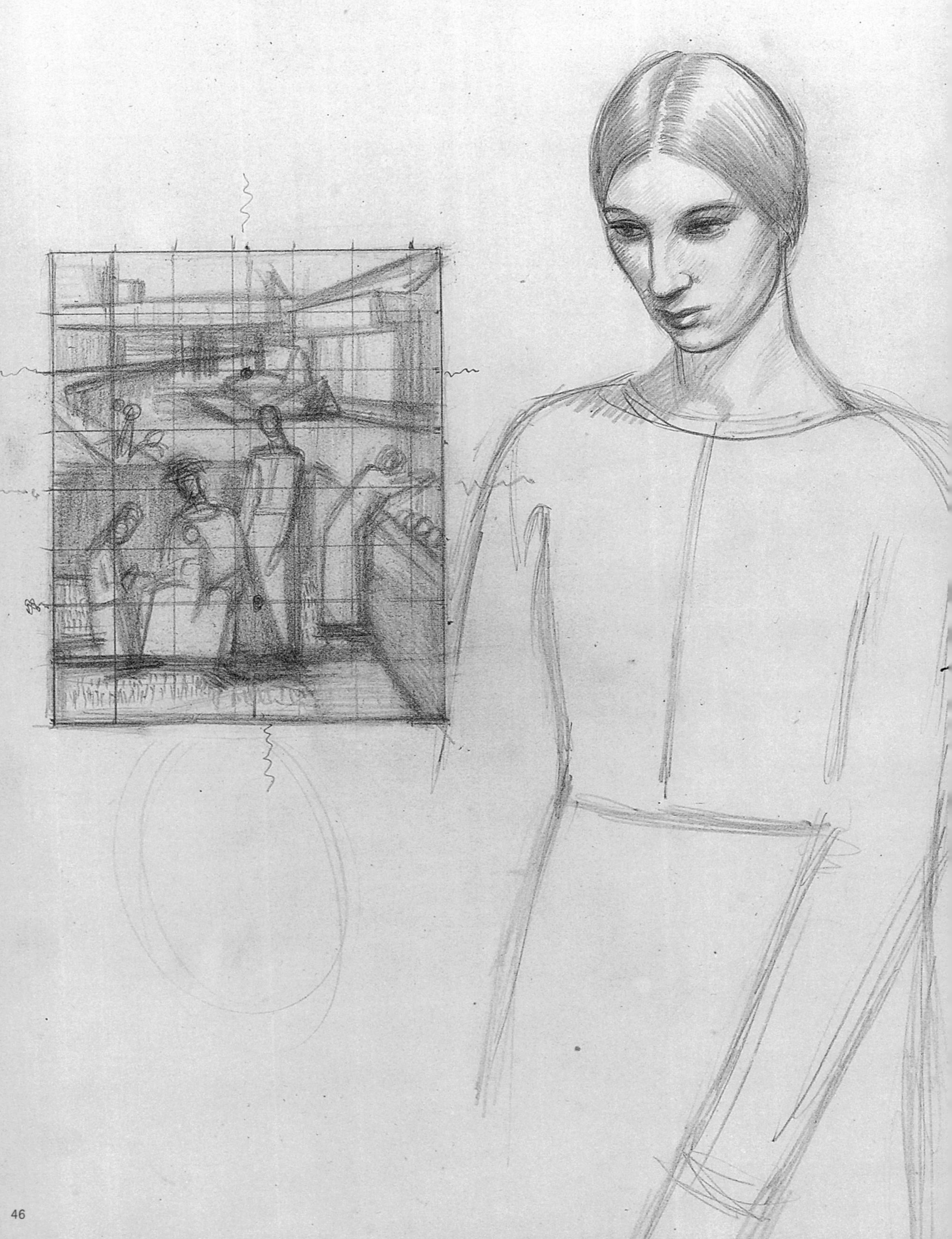

Komposition

Komposition bedeutet einfach, wie Sie Dinge auf der Seite anordnen; sie ist unheimlich wichtig und wird dennoch meist nicht bemerkt.

Sie können Ihre Komposition planen oder instinktiv vorgehen. Bei schnellen Skizzen ist Ihre Zeichnung viel lockerer und die Position der Dinge ergibt sich im Laufe der Arbeit. Bei einer längeren Zeichnung haben Sie mehr Zeit zum Überlegen und planen gründlicher, wo Sie die Elemente Ihrer Zeichnung platzieren.

In diesem einfachen Selbstporträt ordnet Knights die Elemente sorgfältig so an, dass unser Auge ganz subtil geleitet wird. Die Person ist auf die äußerst rechte Seite geschoben, steht fast schon beengt. Ihr Arm im Vordergrund leitet unser Auge nach oben auf ihr zartes Gesicht, doch dann lenkt ihr Blick ins Leere unser Auge auf die Zeichnung links – eine Komposition in der Komposition. Zwischen den beiden besteht eine feine Spannung, ein Wettstreit zwischen ihr und ihrem Werk, wie ein raffinierter Witz.

Komposition ist wichtig, denn sie leitet das Auge des Betrachters durch die Zeichnung.

Ob schnelle Skizze oder längere Zeichnung, die Komposition beeinflusst, wie der Betrachter Ihre Zeichnung versteht. Überlegen Sie, wo Ihr Fokus liegen soll, damit Sie entscheiden können, wo Sie dies platzieren können. In diesem Kapitel geht es um Regeln, aber eigentlich gibt es die nicht – nur hilfreiche Hinweise und Techniken, um Ihre Arbeit spannender anzulegen. Es ist immer sinnvoll, mehr über Komposition zu wissen, selbst wenn Sie am Ende alles ignorieren!

Selbstporträt mit kompositorischem Entwurf
Winifred Knights
1919

Verlassen Sie die Mitte

In dieser Zeichnung bedeckt Pasternak die gesamte Seite mit Strichen und geschwungenen Linien, doch der absolute Fokus der Komposition liegt auf dem hageren, ziemlich strengen Gesicht des Dichters Rilke.

Pasternak lenkt unseren Blick direkt auf den Dichter, indem er eine der grundlegenden »Regeln« in der Kunst einsetzt – die Drittelregel. Diese basiert auf der Theorie, dass das Auge es als angenehmer empfindet, entlang einer Achse auf dem Drittel zu ruhen, und zwar vertikal oder horizontal. Wir können hier erkennen, dass Pasternak das Auge des Dichters präzise auf den Schnittpunkt der vertikalen und horizontalen Drittelachsen gelegt hat. Er führt das Auge des Betrachters durch das Bild, sodass es zuerst dem Tumult dahinter folgt, dann über die verwirbelten Linien läuft und schließlich auf dem Auge des Dichters landet.

In dieser Zeichnung liegt der Fokus auf dem exakten Drittel – das muss nicht so sein, aber Sie sollten darauf achten, dass der wichtigste Teil Ihrer Komposition nicht immer in der Mitte liegt. Nimmt man den Fokus einfach einmal aus der Mitte heraus, ergibt sich möglicherweise eine viel angenehmere und fesselndere Komposition.

Die Drittelregel wahrt das Gleichgewicht, selbst wenn das Motiv nicht in der Mitte liegt.

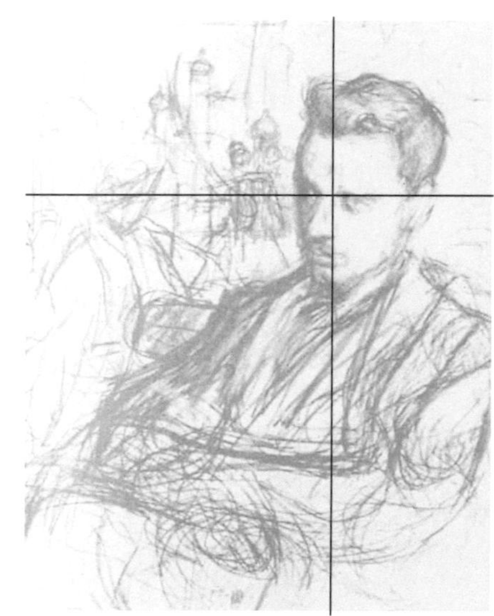

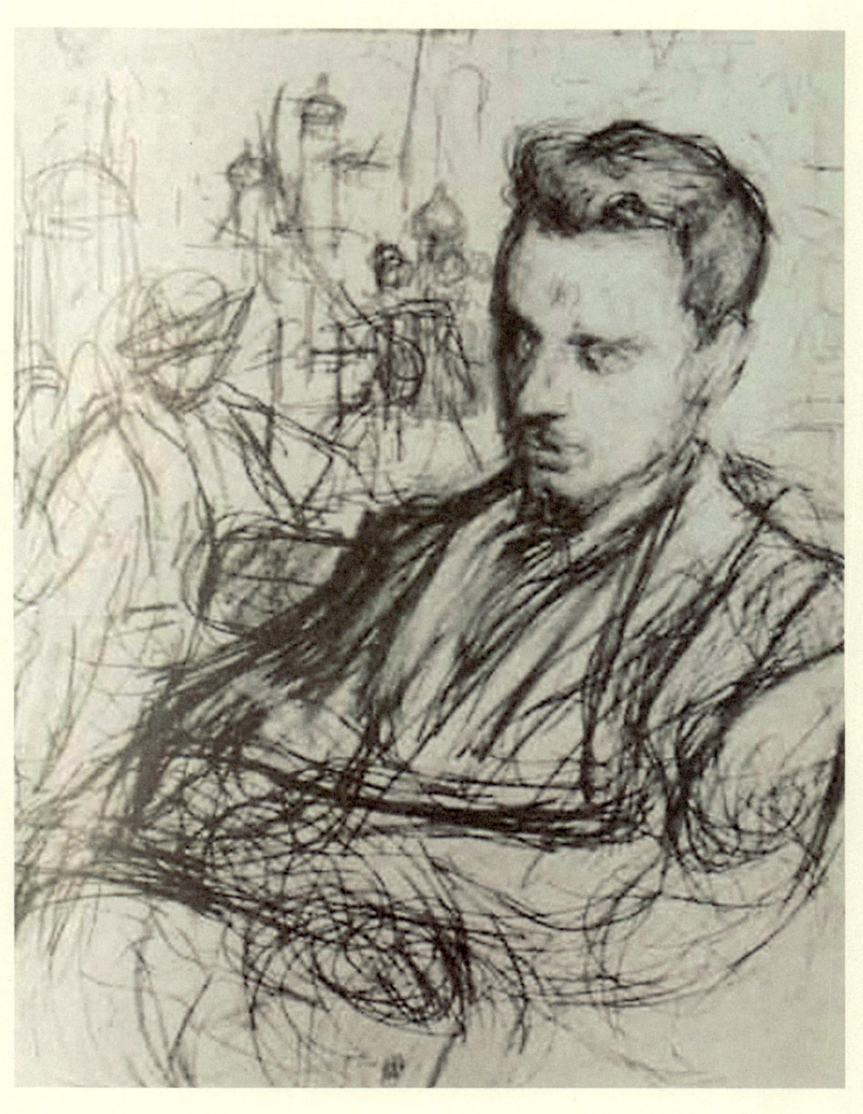

Rilke vor dem Kreml
Leonid Pasternak
1928

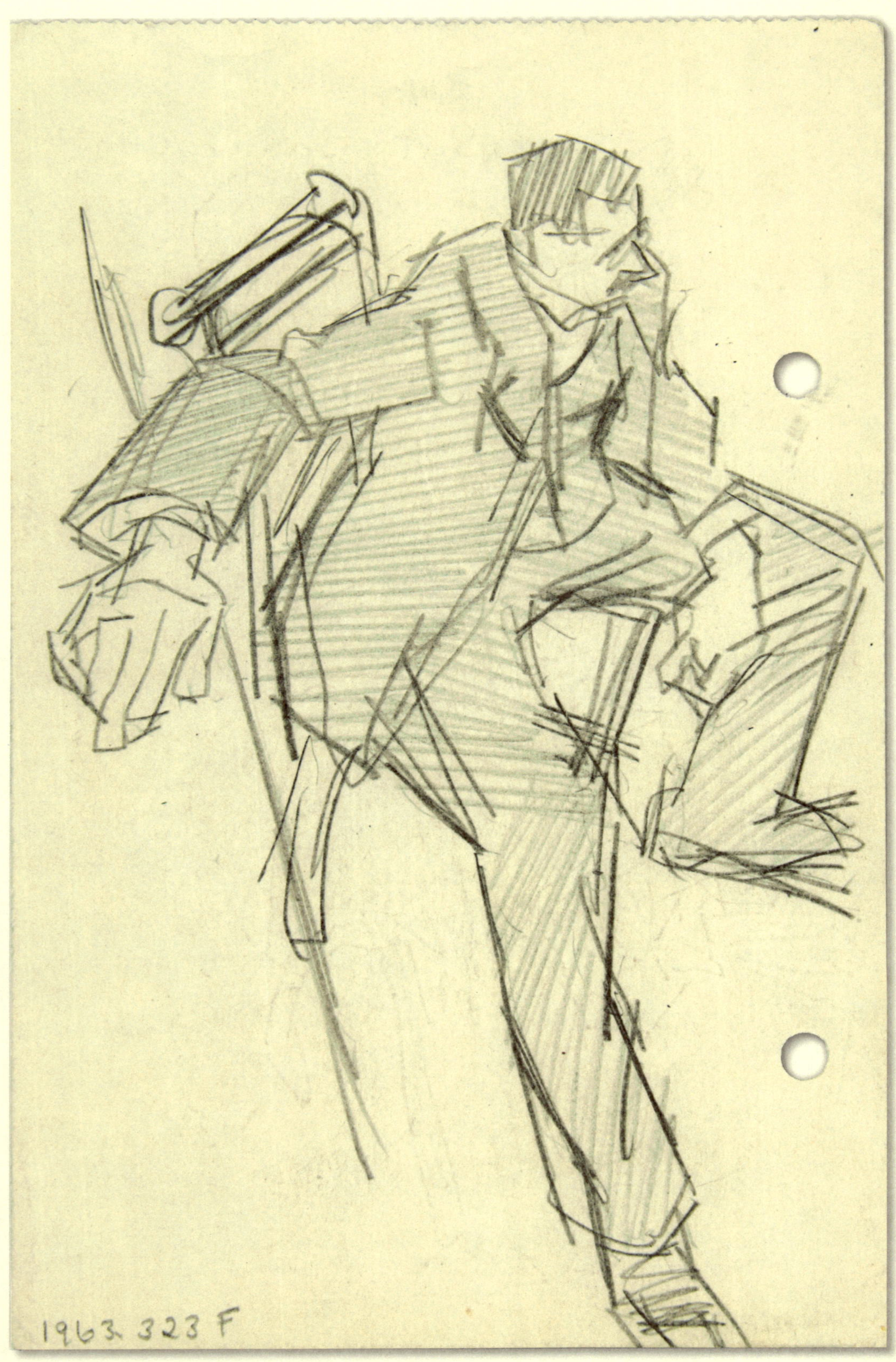
1963.323 F

KOMPOSITION

Welcher ist Ihr Winkel?

Dies ist eine einfache Zeichnung eines Mannes, der auf einem Stuhl sitzt. Feininger hat ihn jedoch direkt von oben gezeichnet, darum hat sie an Dramatik gewonnen. Plötzlich scheint der ausgestreckte Arm des Mannes nach uns zu greifen, während sein Kopf im Vergleich ungewöhnlich klein wirkt.

Aufgrund ihres ungewöhnlichen Blickpunkts zieht diese Zeichnung Sie sofort an. Normalerweise betrachten wir die Welt vom selben langweiligen Niveau aus – auf Augenhöhe –, doch hier gesellen wir uns zu Feininger auf seinen erhöhten Standpunkt und schauen auf sein Motiv hinunter. Feininger ist im wahrsten Sinne des Wortes aufgestiegen und ändert damit völlig seinen – und unseren – Blickwinkel. Dies gibt uns eine ungewöhnliche Perspektive.

Indem Sie Ihren Blickpunkt in Ihrer Zeichnung ändern, ändern Sie auch die Wahrnehmung des Betrachters von Ihrem Motiv. Auf jemanden hinunter- oder zu jemandem hinaufzuschauen, hat eindeutig Auswirkungen darauf, wie wir denjenigen »lesen«.

Ein anderer Blickwinkel eröffnet interessante kompositorische Möglichkeiten.

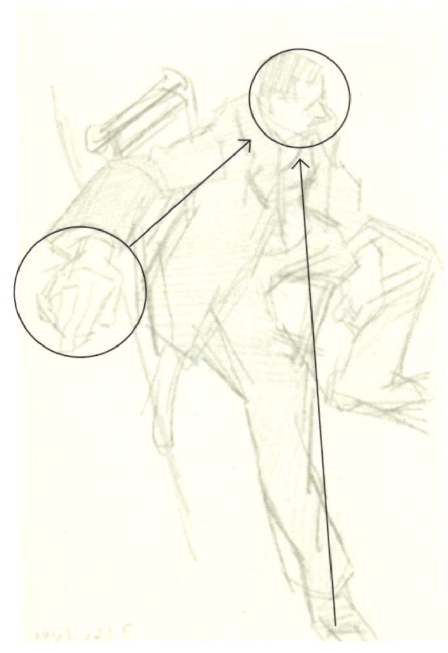

Ohne Titel (Mann auf Bank)
Lyonel Feininger
1906

KOMPOSITION

Bereit für die Nahaufnahme

Diese Zeichnung geht ganz nah heran. Maggi Hamblings wunderbare Tuschezeichnung ist ein geradliniges Selbstporträt, und es besteht kein Zweifel, worauf der Fokus liegt.

Hamblings Darstellung ihrer Augen und ihres verwuschelten Ponys schließt alles andere aus – die Komposition ist so beschnitten, dass keine weiteren Elemente ihres Gesichts zu sehen sind. In diesen Tuschelinien liegt eine wunderbar aufgeregte Energie, doch aus dem offensichtlichen Chaos dieser Striche treten Hamblings Augen dunkel und intensiv hervor.

Wenn sie ganz dicht an Ihr Motiv herantreten, wird den Leuten nicht unmittelbar klar, was sie gerade anschauen. Wie bei Hamblings Augen braucht der Betrachter einige Sekunden, um nachzudenken und einzutauchen. Wir sind daran gewöhnt, immer sofort das ganze, große Bild zu sehen – meist wollen wir, dass alles klar ist –, aber es ist auch gut, ein Geheimnis zu erschaffen. Geben Sie dem Betrachter deshalb nicht immer gleich alles. Wenn Sie Ihr Motiv knapp beschneiden, müssen die Leute raten, was jenseits der Ränder vor sich geht.

Die Konzentration auf ein Detail ändert die Beziehung zwischen dem Betrachter und dem Motiv.

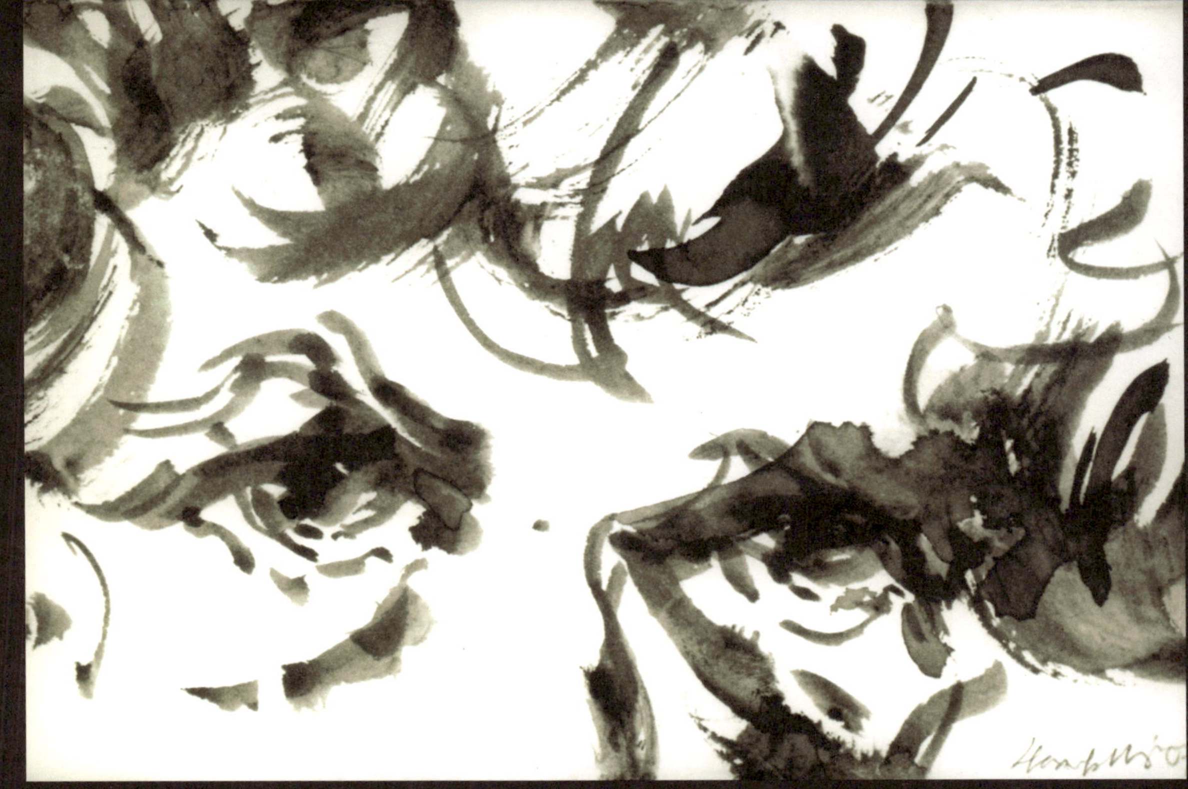

Selbstporträt (Augen)
Maggi Hambling
2007

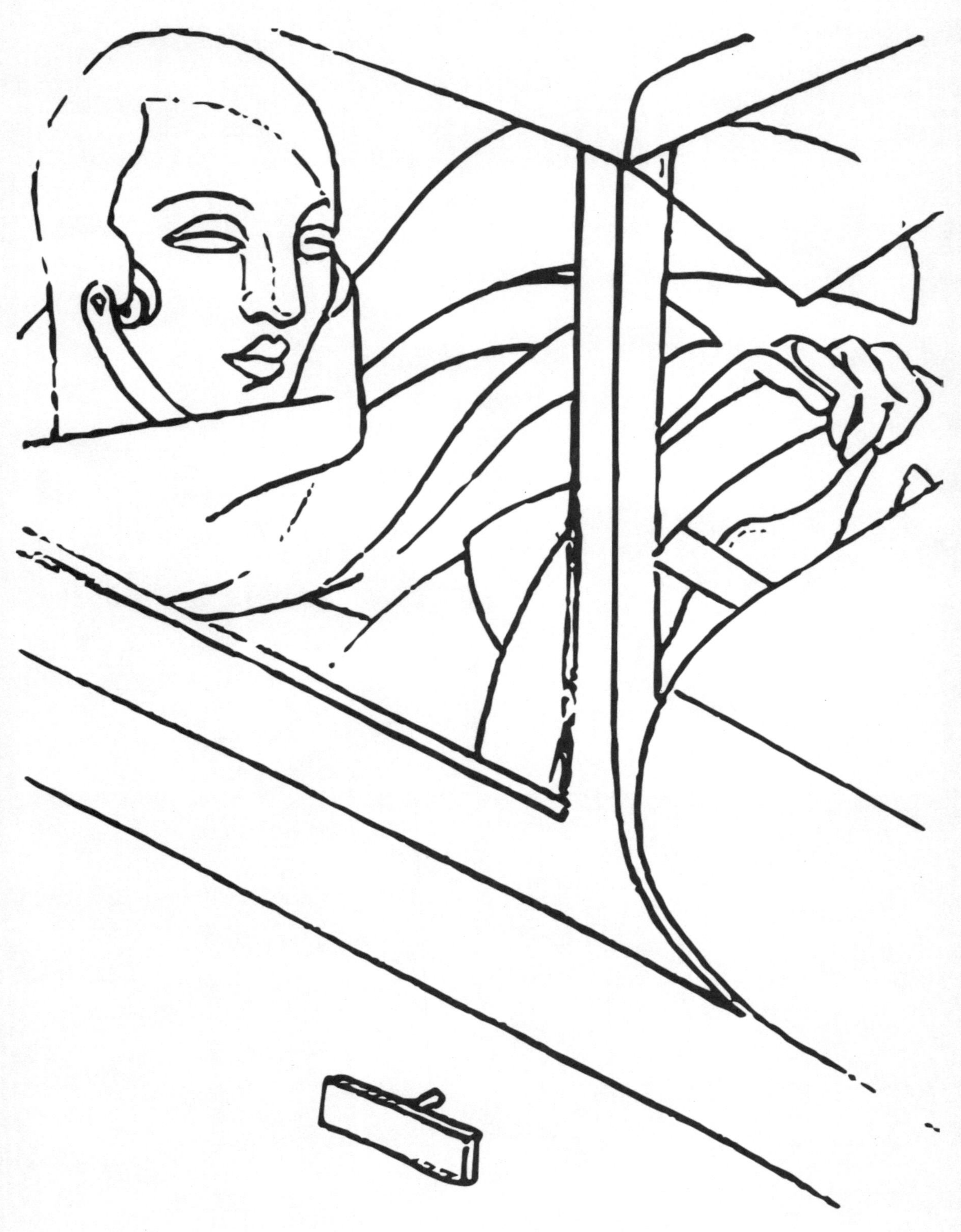

KOMPOSITION

Rhythmus und Linie

Dies ist die Studie für eines der markantesten Selbstporträts des 20. Jahrhunderts. Tamara de Lempickas Autoporträt – stilisiert und absolut linear – ist ein kühnes Statement für die weibliche Unabhängigkeit. Sie sitzt am Steuer ihres Bugatti und ist diejenige, die die Kontrolle hat. Die Kurven und Linien von Gesicht und Haaren verschmelzen mit den geschwungenen Linien ihres Schals und erzeugen einen Rhythmus und einen Fluss, der sich über das gesamte Bild zieht. Hier gibt es keine Trennung zwischen Lempicka und ihrem Besitz.

Die überspitzten rhythmischen Linien des Schals und der pfeilspitzen Linien des Autos schaffen eine dynamische Komposition. Geschwindigkeit, Freiheit und die Liebe zum Leben sind in einem kraftvollen, linearen Bild zusammengefasst.

Die Linien und Formen in Ihrer Zeichnung erzeugen Rhythmus und Richtung und deren Wirbel und Kurven nehmen Sie mit auf eine Reise. Und genau wie Lempicka müssen Sie manchmal übertreiben.

Das Auge des Betrachters sollte in der Lage sein, alle Elemente miteinander zu verbinden.

Studie für Selbstporträt
Tamara de Lempicka
1929

Die Macht des Raums

Was geschieht in dieser Zeichnung? Der gesamte Oberkörper fehlt! Bis auf eine einzige Linie – Arm und Schulter. Und wenn Sie genau hinschauen, können Sie erkennen, dass auch andere Dinge weggelassen wurden.

Leerer Raum ist ein machtvolles kompositorisches Werkzeug und Rambert nutzt es genial. In dieser Linienzeichnung wird der Fokus direkt auf das Dreieck aus Gliedmaßen im unteren Teil der Seite gezogen. Nichts lenkt von dem verschlungenen Netz aus Linien ab, die die Füße und die in der Mitte befindliche Hand auf dem Knie beschreiben.

Dies ist kein passives Weglassen, sondern eine aktive, bewusste Entscheidung, leeren Raum zu schaffen. Sie müssen nicht jeden Zentimeter Ihrer Komposition füllen. Der Raum hier hebt die wunderbaren kraftvollen Linien ebenso hervor wie die klare dreieckige Form von Ramberts Komposition. Dies fühlt sich ausgeglichen an und sieht richtig aus, sodass Sie zunächst gar nicht merken, wie viel hier eigentlich an der Figur fehlt.

Sie müssen nicht immer die ganze Seite füllen.

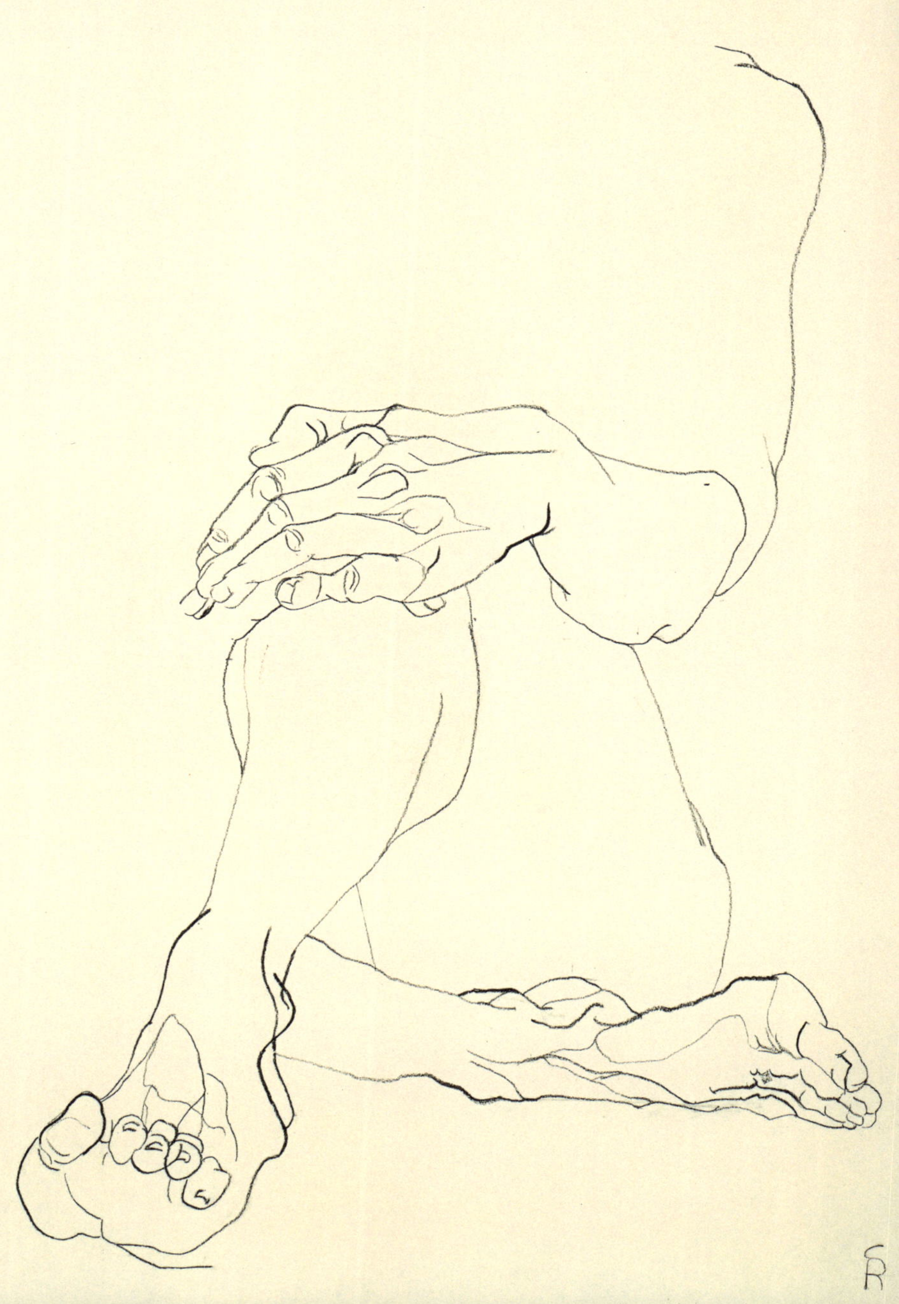

Mélancholie 10
Sophie Rambert
2010

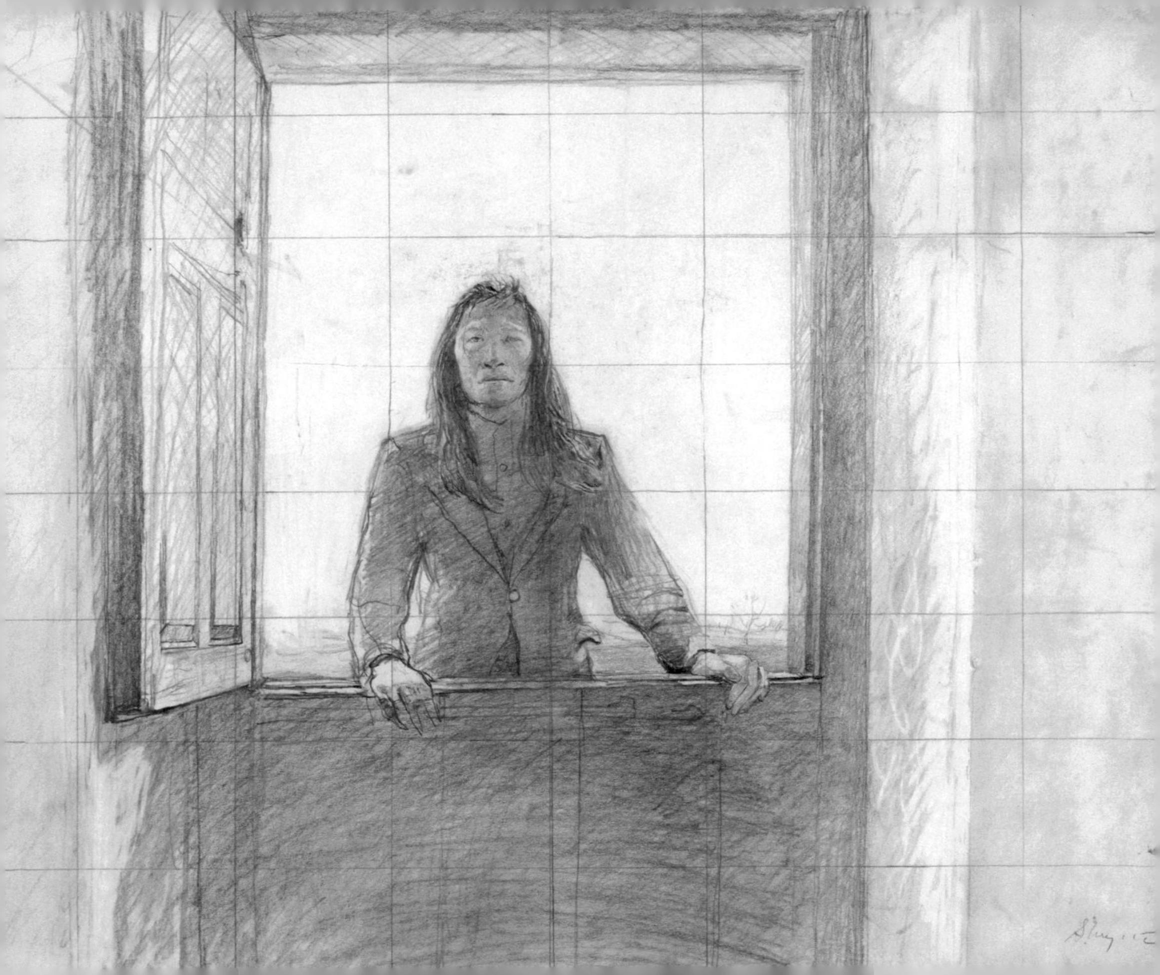

KOMPOSITION

Rahmen im Rahmen

Nogeeshik dominiert diese Zeichnung. Eingerahmt durch das offene Fenster, steht er stolz und eindrucksvoll da, und der leere Raum betont seine Präsenz.

Der Rahmen des offenen Fensters unterstreicht die Komposition in dieser vorbereitenden Zeichnung von Andrew Wyeth. Dieses große Rechteck bietet ihm den perfekten Raum für Nogeeshik; das Licht des strahlenden Himmels hinter ihm, auf der Seite weiß und leer gelassen, erzeugt einen dramatischen Kontrast, der seine körperliche Erscheinung zur Geltung bringt.

Der Rahmen ist das entscheidende kompositorische Element in dieser Zeichnung, aber es ist noch ein wenig raffinierter. Alles fühlt sich richtig an. Nogeeshik ist nicht im Fenster zentriert, aber der Raum um ihn herum »passt« einfach. Alles fühlt sich souverän und ausgeglichen an, auch Nogeeshik selbst.

Das Einrahmen Ihres Motivs ist ein kompositorisches Mittel, über das Sie nachdenken sollten. Es muss nicht so offensichtlich sein wie ein Fenster. Schauen Sie sich um – wo könnten Sie Ihr Motiv positionieren? Es kann etwas ganz Einfaches sein, wie ein Lichtfleck, oder vor den dunkleren Farbtönen des umgebenden Laubs.

Nutzen Sie einen Rahmen, um den Fokus auf Ihr Motiv zu lenken.

KOMPOSITION

Hände hoch

Schiele schuf rohe, kantige Zeichnungen, die auch heute noch unverwechselbar sind. Er zeichnete seine Personen, die er als Motiv wählte, auf dieselbe krude, gnadenlose Weise.

In dieser Zeichnung sind die Hände ein integraler Bestandteil der verdrehten Körperhaltung. Schiele bettet die Hände praktisch in das Gesicht ein, sie rahmen und gleichzeitig verzerren sie es und verwandeln den Körper auf diese Weise in etwas Seltsames, Skulpturenartiges.

Lassen Sie die Hände nicht bis zum Schluss übrig – behandeln Sie sie stattdessen genauso wie alles andere. Alle Techniken und Tipps, die wir bisher betrachtet haben, gelten auch für das Zeichnen von Händen. Planen Sie sie ebenso wie den Rest des Körpers, um ihre Form und Position festzulegen.

Nutzen Sie Hände und Gliedmaßen, um Ihre Komposition interessanter zu machen.

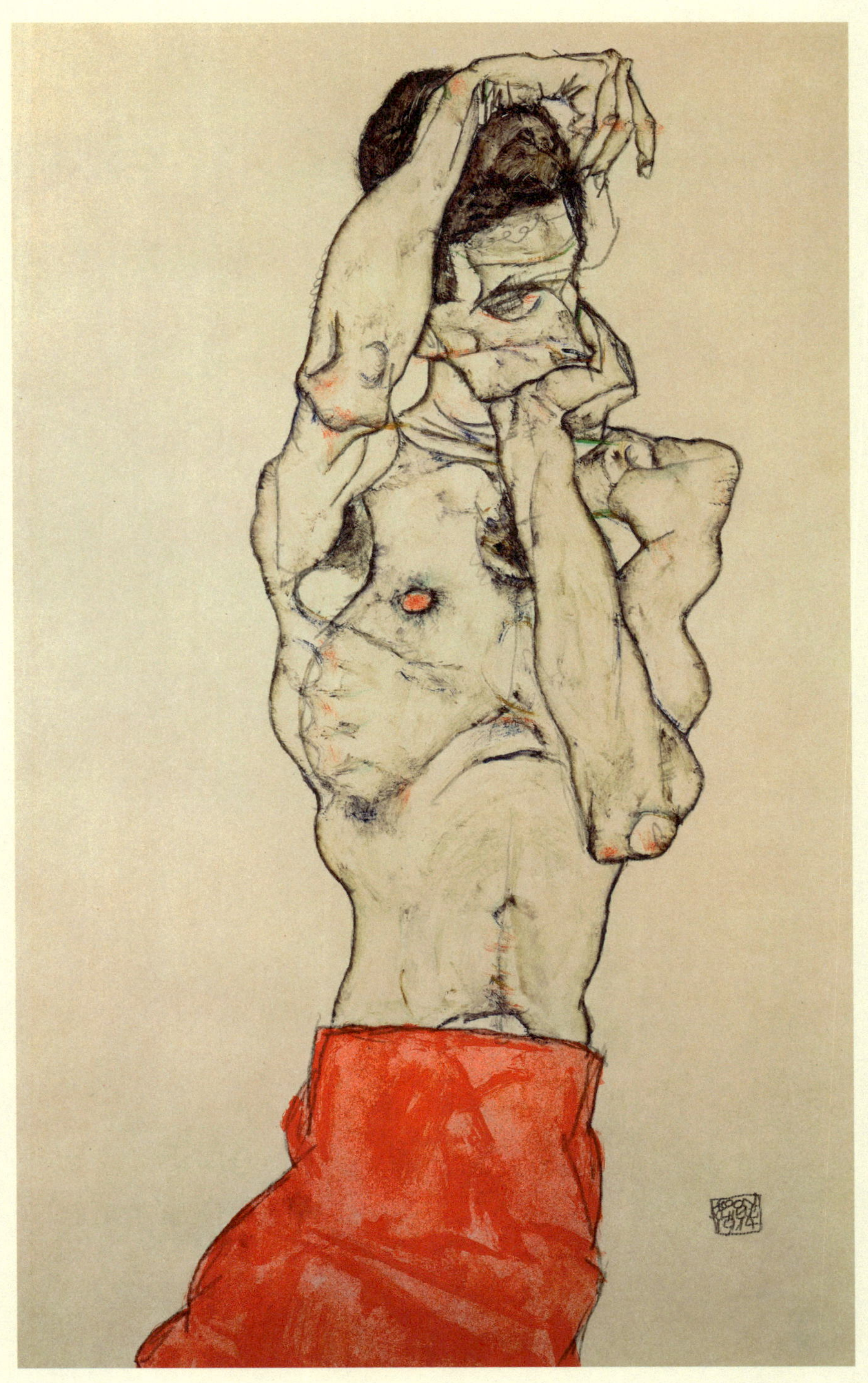

Stehender männlicher Akt mit rotem Lendentuch
Egon Schiele
1914

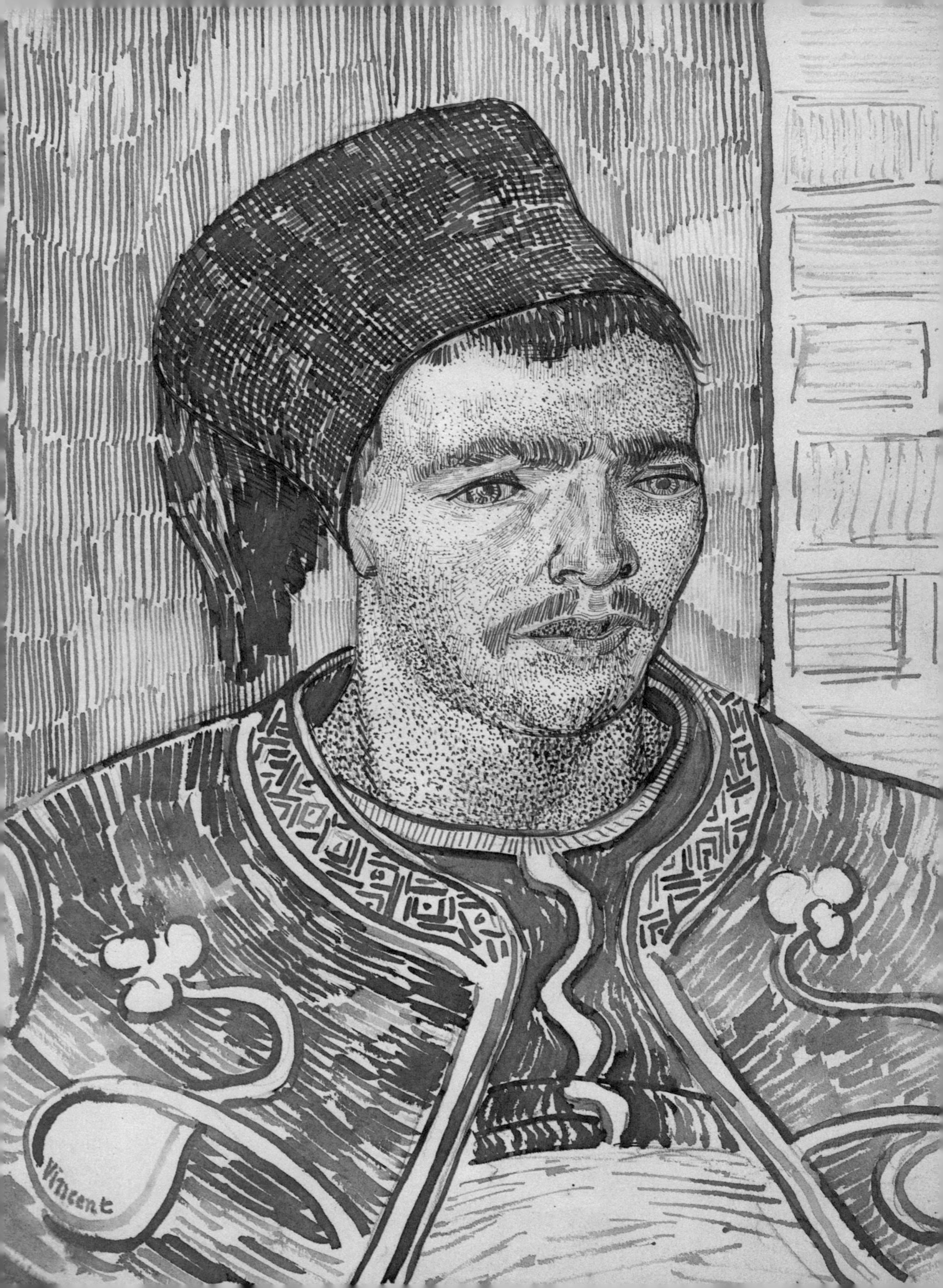
Vincent

Tönung

Als Tönung bezeichnet man die hellen und dunklen Bereiche einer Zeichnung. Eine getönte Zeichnung hat sich aus einem linearen, einem bloßen Umriss weiterentwickelt und verfügt über Bereiche tiefer Schatten und heller Lichter. Um eine Zeichnung zu tönen bzw. zu schattieren, haben Sie verschiedene Möglichkeiten. Dieses Kapitel zeigt Ihnen einige Schattierungstechniken, stellt Ihnen aber auch neue Materialien wie Tusche und Kohle vor. Einige Ansätze des Porträtzeichnens passen besser bzw. schlechter zu den jeweiligen Materialien, und es lohnt sich, sie auszuprobieren.

Van Goghs Tuschezeichnung eines Zuaven, eines albanischen Soldaten, ist ein meisterhaftes Beispiel für Schattierung mit unterschiedlichen Strichen. Er hält die Dynamik in der Uniform mit langen Linien fest, die sich um den Umhang winden. Das weiche Licht auf dem gedankenverlorenen Gesicht des Soldaten wird mit Punkten dargestellt, die in dunkleren Bereichen näher beieinander stehen. Der Hintergrund besteht aus reglementierten vertikalen Strichen. Diese Varianten bilden ein faszinierendes Ganzes.

Die Macht von Hell und Dunkel gibt Ihrer Zeichnung Tiefe.

Nehmen Sie einen flachen Gegenstand – einen Kreis auf einem Blatt Papier. Mit Schattierung wird daraus eine Kugel, die aussieht, als könnten Sie sie in die Hand nehmen. Auch das vermag die Tönung. Später geht es auch um Licht und Stimmung, hier konzentrieren wir uns jedoch darauf, wie wir die Tönung zu Papier bringen. In den folgenden Beispielen werden Sie die Fülle von Schattierungen bemerken, die ein Zeichner einsetzen kann, von fast Schwarz bis hin zu nahezu Weiß.

Der Zuave
Vincent van Gogh
1888

Suchen Sie nach Hell und Dunkel

Seurat fängt die Pose dieser sitzenden Frau perfekt ein. Dabei konzentriert er sich weder auf die Falten im Kleid noch auf die Gesichtszüge, sondern allein auf die Schattierungen, indem er das gesamte Papier schraffiert, also mit konsistenten diagonalen Bleistiftstrichen überzieht. Die Person weist keine Details auf – sie besteht lediglich aus Formen in verschiedenen Graustufen.

Schraffieren ist eine schnelle und effiziente Art der Tönung. Wie hell oder dunkel diese ausfällt, variieren Sie durch den Stiftandruck und den Abstand der Striche zueinander. Achten Sie in Seurats Zeichnung auf die dichte, schwere Schattierung an Kopf und Brust, die nach unten zum Saum des Kleides immer heller wird.

Wenn Sie anfangen, Ihre Bilder zu schattieren, stellen Sie Ihre Augen unscharf, sodass die Details verschwinden und Sie nur noch helle und dunkle Formen sehen. Sie lassen nur den hellsten Bereich leer, dort darf das Papier durchscheinen. Wenn Sie die dunklen Bereiche richtig stark schattieren, haben Sie den gesamten Bereich dazwischen zur Verfügung.

Sehen Sie die Welt als abstrakte Mischung aus Hell und Dunkel.

1.
Stellen Sie Ihre Augen unscharf, dann verlieren Sie jedes Detail und nehmen nur noch helle und dunkle Flächen wahr. Beginnen Sie in den dunkelsten Bereichen. Wie Seurat verwendete ich diagonale Striche.

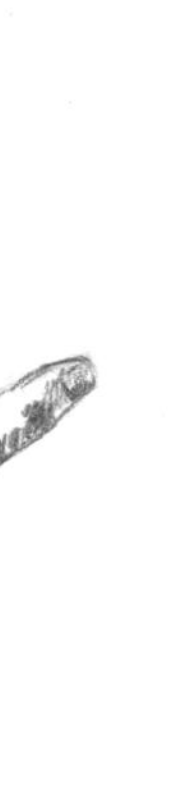

2.
Zeichnen Sie jetzt über das gesamte Bild und vergleichen Sie die Tonbereiche, während Sie sie aufbringen. Machen Sie die dunkelsten Stellen richtig dunkel. Wo das weiße Papier zu sehen ist, ist das Bild am hellsten.

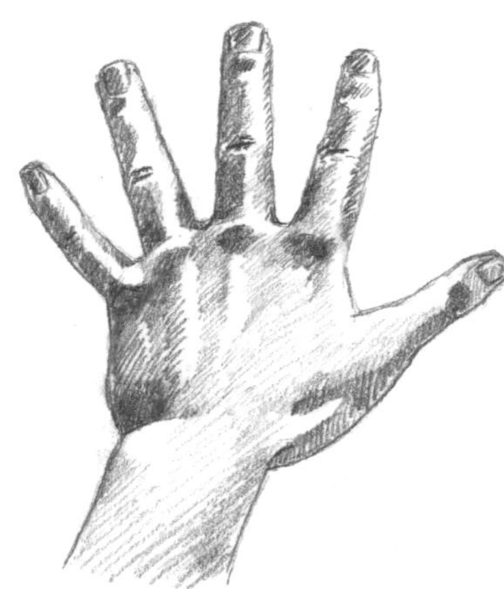

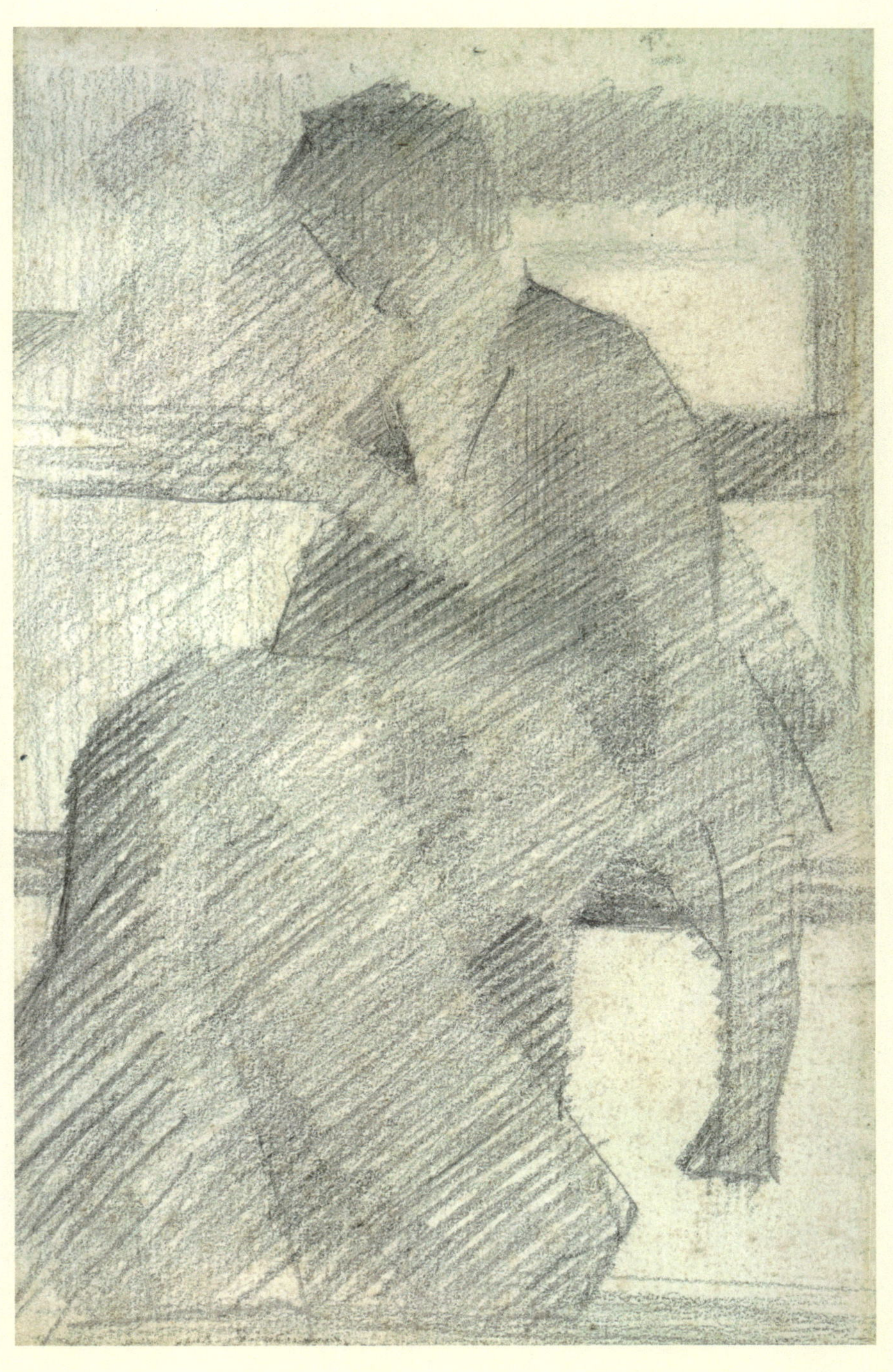

Frau auf einer Bank
Georges Seurat
ca. *1880*

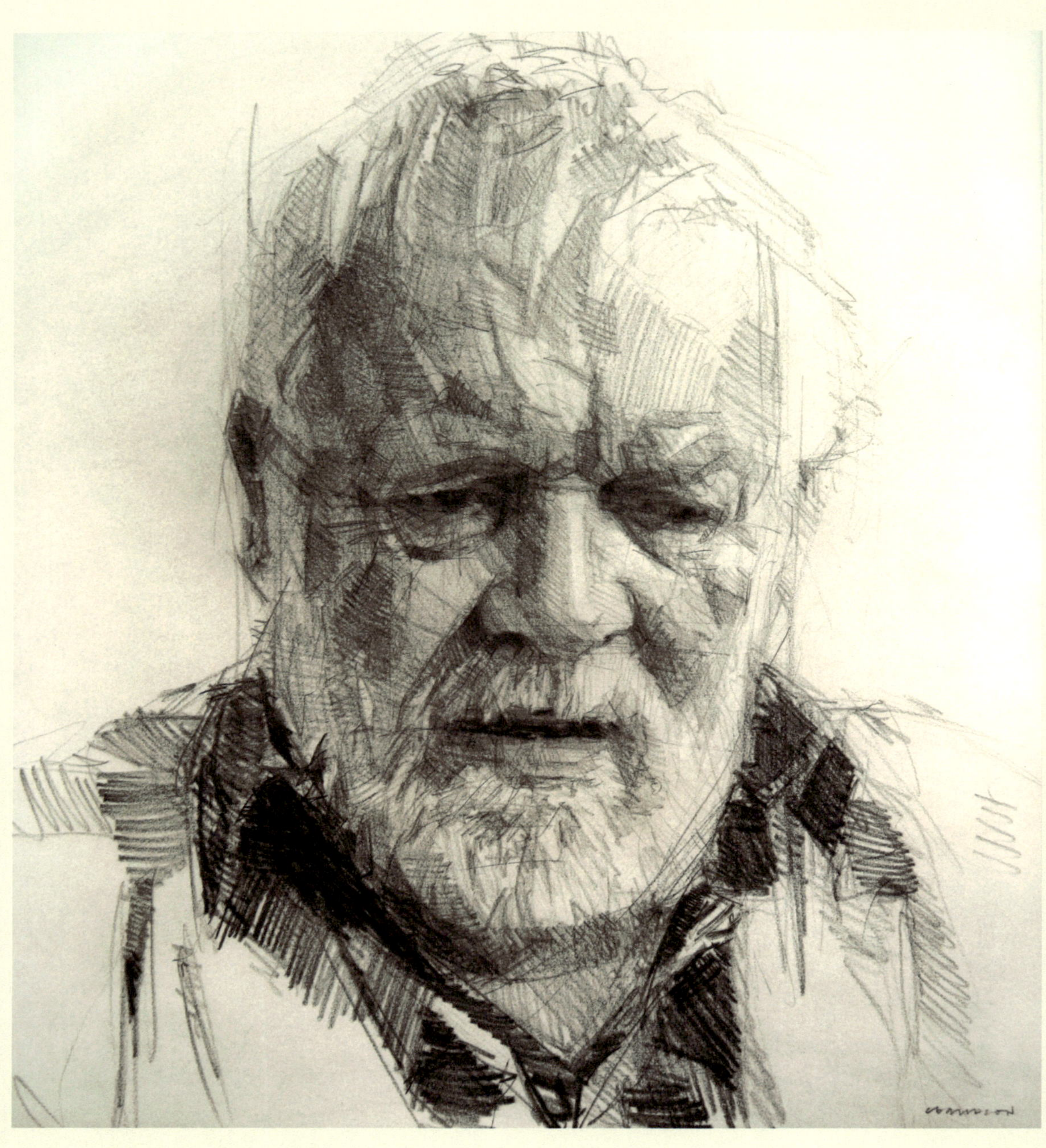

Michael Longley
Colin Davidson
2011

Schraffur und Kreuzschraffur

Das Gesicht des Dichters Michael Longley ist ebenso ausdrucksstark wie seine Gedichte. Die tiefliegenden, traurigen Augen, der Mund zum Sprechen geöffnet, sind mit Colin Davidsons energischen Schraffuren und Kreuzschraffuren wunderbar zu Papier gebracht.

Beim Schraffieren werden Schattierungen durch parallele Striche aufgebracht, bei der Kreuzschraffur verwendet man eine zweite Lage Schraffuren in eine andere Richtung, um Verläufe von Grau zu Schwarz darzustellen. Davidson setzt beides ein, um die Falten, Linien und den Ausdruck des betagten Dichters einzufangen.

Ein Tonwertbereich ist nötig, um erfolgreich die Illusion von Tiefe und Form vermitteln zu können. Dabei geht es nicht nur um Hell und Dunkel – die Richtung der Striche hilft auch, die Form eines Motivs zu beschreiben, indem vertikale, horizontale und diagonale Striche die dreidimensionale Form aufbauen.

Schraffur und Kreuzschraffur liefern einen immensen Tonwertbereich, von den dunkelsten Tiefen bis zum leichten Hellgrau.

1.
Zeichnen Sie den Umriss einer Hand. Schattieren Sie ihn mit einfacher diagonaler Schraffur.

2.
Bauen Sie die dunkleren Bereiche mit diagonaler Schraffur in die Gegenrichtung auf. Behalten Sie die einfache Schraffur in den helleren Bereichen.

3.
Bauen Sie Ebenen von Schraffuren übereinander auf, um dunklere Tönungen zu entwickeln. Die Linien müssen nicht alle diagonal sein; überlegen Sie, wie die Richtung der Schraffur am besten die gewünschte Form beschreibt.

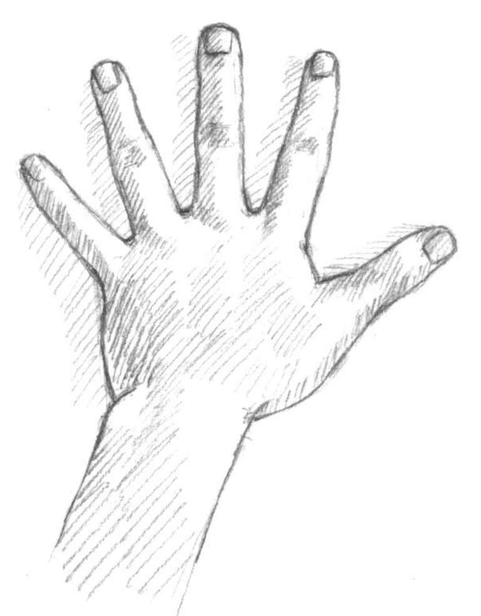

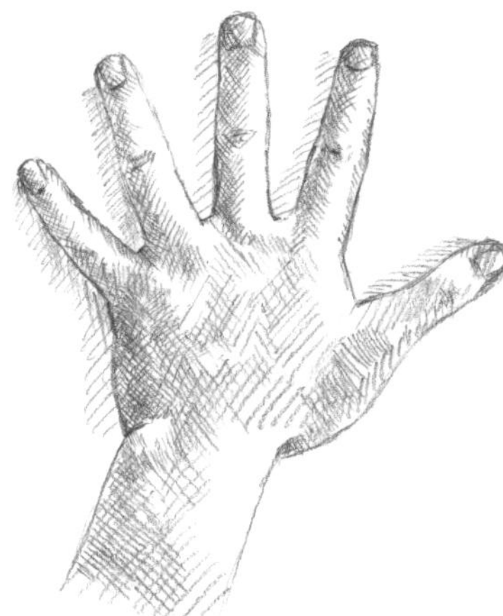

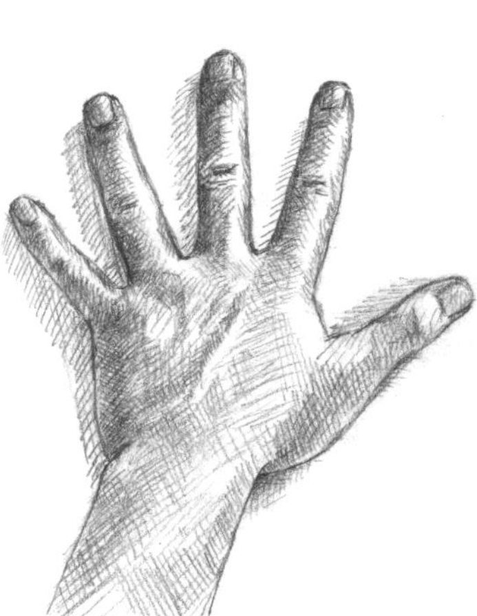

Kurz und schmerzlos

Zin Lims Zeichnung entwickelt sich aus dem groben Liniengerüst, das sie umgibt. Arm, Kopf und Bein sind unscharfe, lose Andeutungen, die das Auge des Betrachters auf den muskulären Rücken des Modells lenken, den Lim viel schärfer dargestellt hat.

Lim erzeugt diese unglaublich vielen Graustufen mit Zeichenkohle, die er meisterhaft einsetzt, um den Rücken zu modellieren. Er beginnt mit schnellen, breiten Strichen, um die grobe Form zu definieren, und baut die Schatten fast ohne Details auf. Mit dem Finger bzw. einem Radiergummi, um hellere Bereiche hervorzuheben, während er mit einem spitzeren Kohlestift Details einbringt.

Kohle eignet sich für schattierte Zeichnungen sehr gut, denn damit können Sie auch größere Bereiche schnell abdecken, indem Sie den Kohlestift seitlich ansetzen. Ist der Kohlestift gespitzt, lassen sich auch sehr präzise Details darstellen. Kohle lässt sich leicht verwischen, lassen Sie darum die Hände von der Zeichnung, während Sie daran arbeiten, oder decken Sie Bereiche mit einem sauberen Blatt Papier ab. Wenn Sie fertig sind, fixieren Sie die Zeichnung unbedingt, um sie zu schützen.

Zeichenkohle ist gut geeignet, um schnell Schattierungen aufzubringen.

1.
Legen Sie die grobe Struktur der Hand fest und bringen Sie mit der Seite der Kohle die Tönung ein. Keine Sorge, wenn sie zu dunkel gerät, Sie korrigieren das gleich.

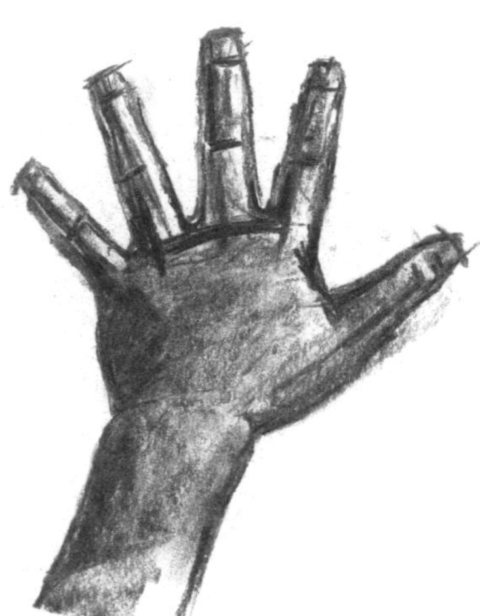

2.
Arbeiten Sie mit einem Radierer, einem Wattebausch oder Ihrem Finger an der Kohlefläche, um sie aufzuhellen. Bauen Sie die Tiefen weiter mit der Kohle aus.

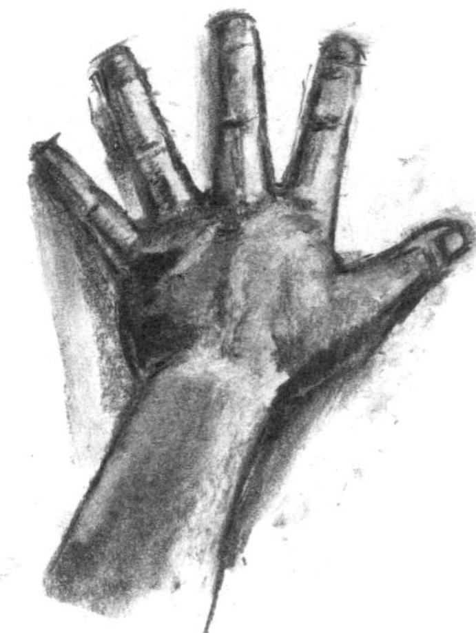

3.
Bringen Sie die Details ins Bild. (Zin Lim verwendet einen kleinen, weichen Pinsel, um Details zu entwickeln, indem er Kohle wegbürstet und so feine helle Bereiche herausarbeitet.)

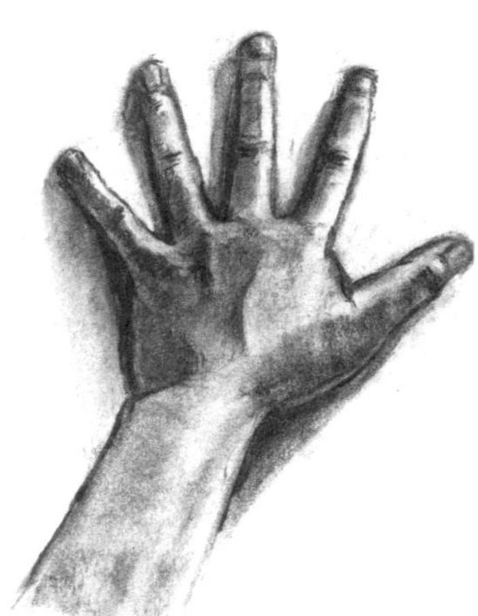

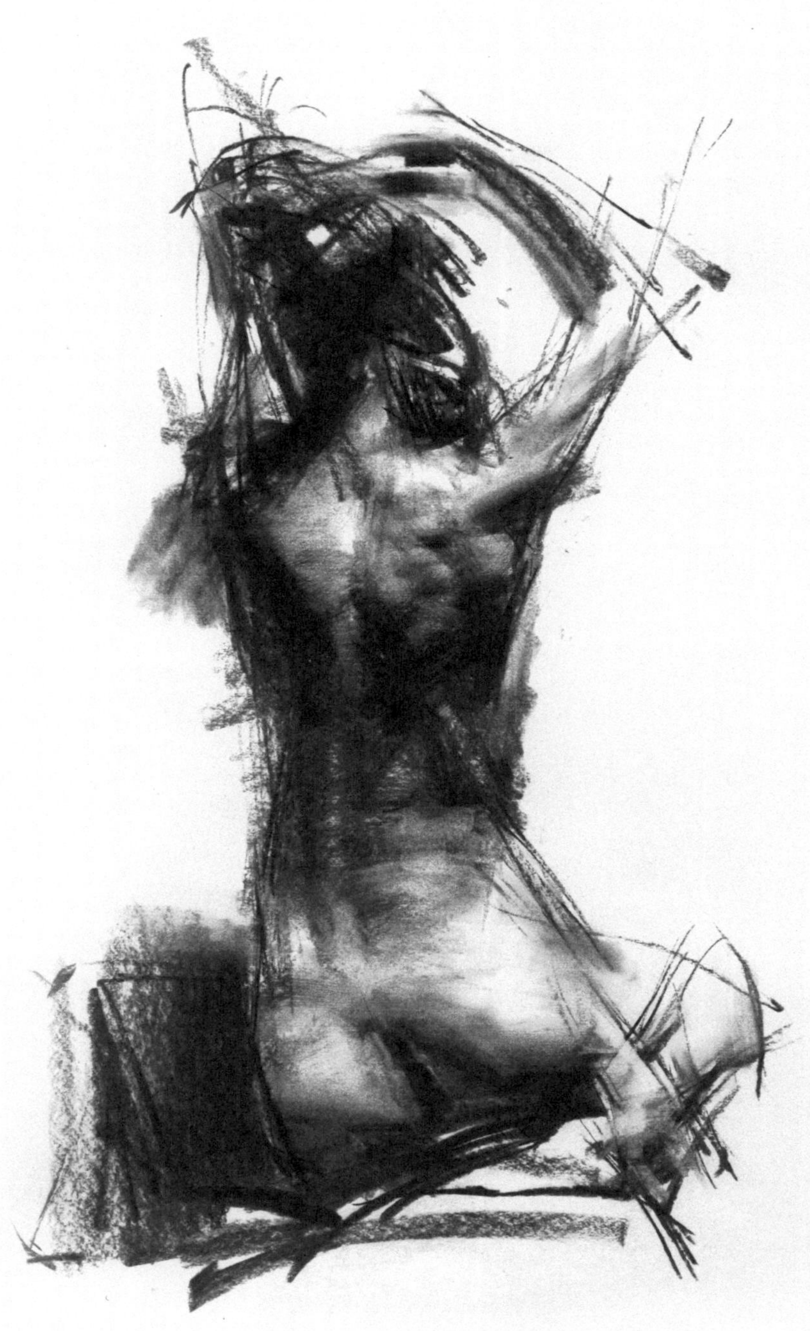

Allegro No. 87.3
Zin Lim
2016

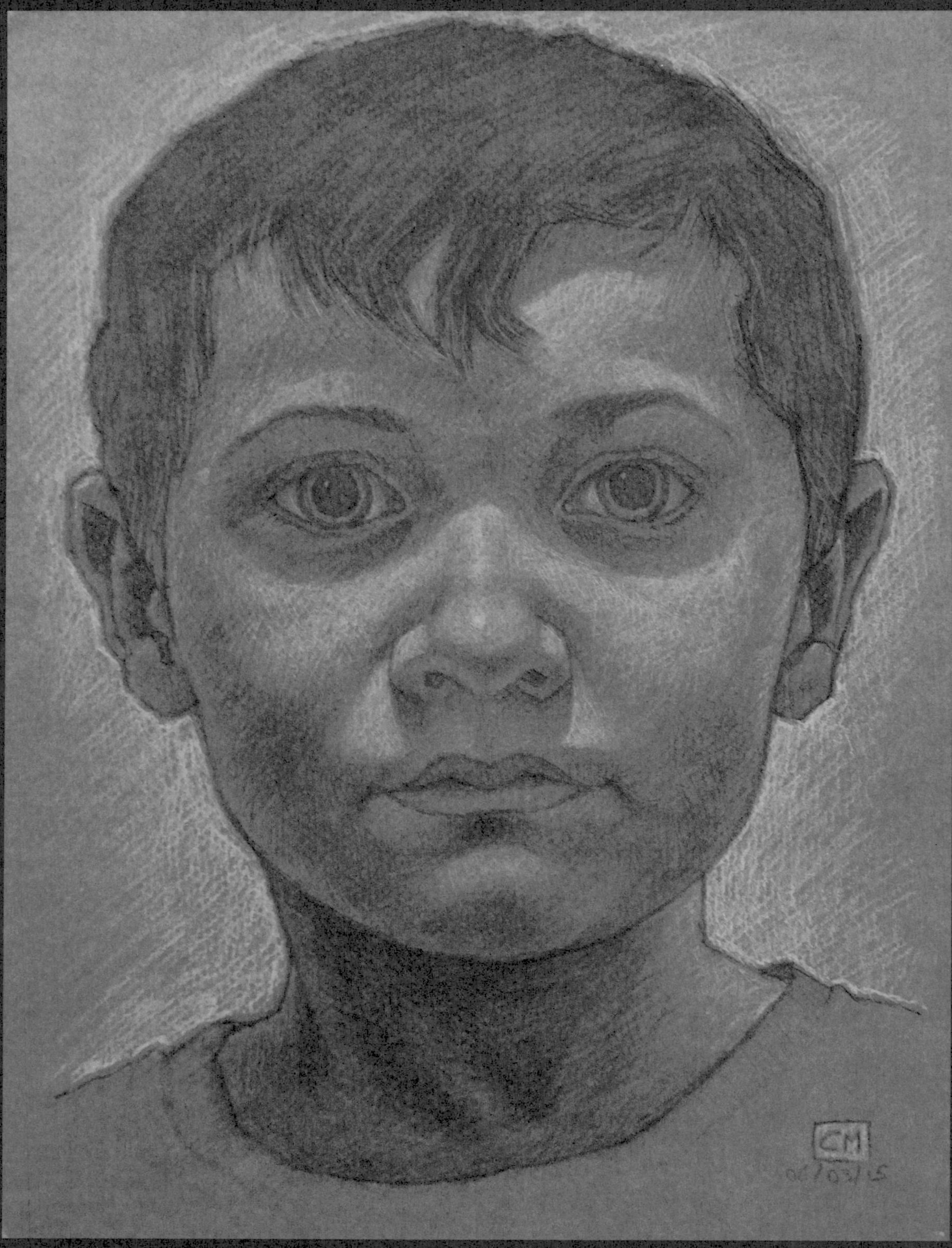

Jason
Connor Maguire
2015

Nicht jedes Papier ist weiß

Connor Maguire arbeitet mit Zeichenkohle und weißer Kreide auf braunem Strukturpapier, um die Dynamik in Jasons Gesicht zum Leben zu erwecken. Zum ersten Mal betrachten wir ein Werk, das nicht auf weißem Papier gezeichnet wurde.

Wie bei normalen Bleistift baut Maguire die Ebenen weißer Kreise mit Schraffuren und Kreuzschraffuren auf, nur eben in Weiß. Je mehr Ebenen er aufbringt, desto heller wird die Stelle. Mit der Zeichenkohle definiert er Gesichtszüge und Haare und entwickelt die Schatten.

Durch das Arbeiten mit Tonpapier erhalten Sie einen bereits vorgefertigten Mittelton und können sich ganz auf Lichter und Schatten konzentrieren. Alles andere bleibt gleich, als würden Sie auf weißem Papier arbeiten. Zuerst legen Sie die Proportionen fest und bestimmen die Formen, dann bringen Sie die Schattierungen ein.

Das Papier gibt den Ton an.

1.

Zeichnen Sie Ihren Umriss mit einem weißen Buntstift.

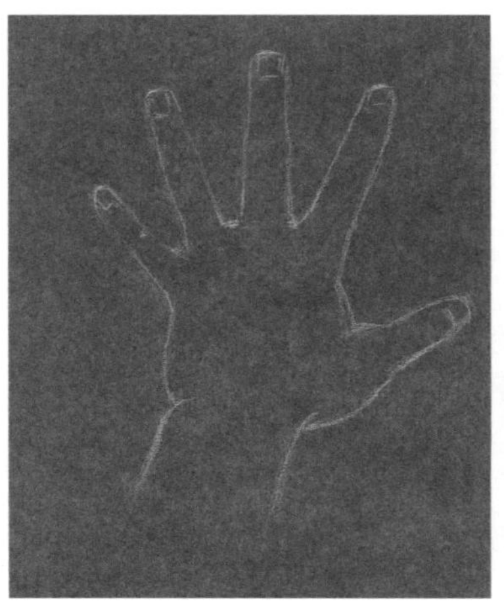

2.

Entwickeln Sie die Lichterbereiche mit weißen Schraffuren und Kreuzschraffuren. Drücken Sie bei sehr hellen Bereichen besonders stark auf.

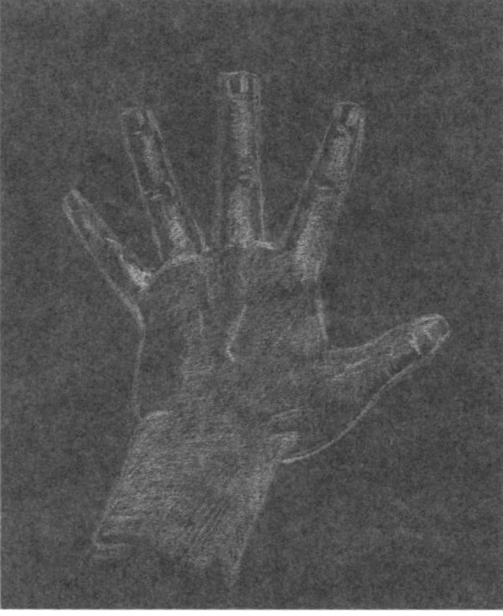

3.

Zeichnen Sie die Schatten mit Kohle. Kohle und weißer Stift vermischen sich leicht; der braune Mittelton des Papiers hilft dabei.

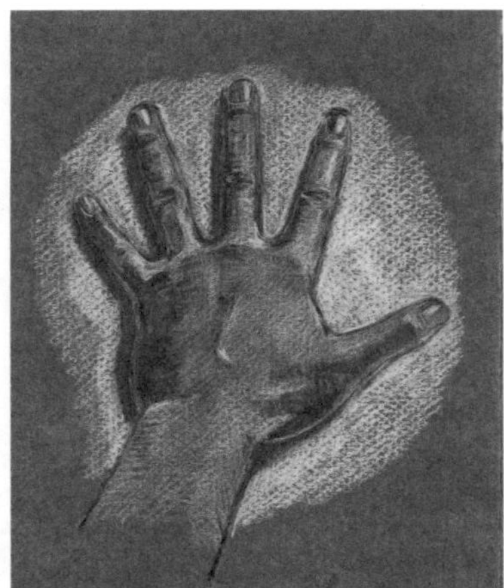

Mit dem Fluss

Schnell und spontan fangen diese Tuschezeichnungen von Tina Berning die schlanke Eleganz der Modelle mit einfachen Pinselstrichen ein, ihre Gesichter sind mit dunklen Schattenpfützen umgesetzt. Diese Zeichnungen gehören zu einer größeren Serie von Berning, *100 Girls on Cheap Paper*, die 2006 als Buch erschienen ist – eine vielfältige Sammlung des Verspielten und Mächtigen.

Bernings malerische Zeichnungen sind frische Momentskizzen. Tusche eignet sich gut für Spontaneität und führt schnell zu Ergebnissen; sobald sie jedoch getrocknet ist, lässt sich die Zeichnung nicht mehr verändern. Seien Sie also mutig.

Tusche lässt sich sehr vielfältig auf Papier auftragen. Berning benutzt hier einen Pinsel. Ihre Werke bilden eine Art Grauzone zwischen Gemälde und Zeichnung, doch Sie können durchaus mit einem Pinsel zeichnen. Verwenden Sie wasserlösliche Farbe. Unverdünnte Tusche wirkt sehr dunkel, verdünnen Sie sie also mit Wasser oder tupfen Sie sie mit feuchtem Pinsel ab, um hellere Flächen zu erzeugen. Hier geht es weniger um Präzision oder Details. Probieren Sie es aus und experimentieren Sie.

Tusche wirkt sofort und ist spontan, sodass Sie schnell zu tollen Ergebnissen kommen.

1.

Zeichnen Sie den Umriss mit verdünnter Tusche und einem Rundpinsel mit Spitze. (Sie können den Umriss auch leicht mit Bleistift andeuten.)

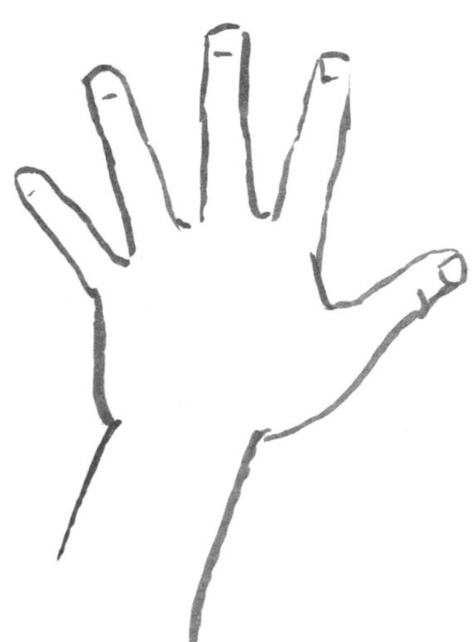

2.

Zeichnen Sie die Schatten mit verdünnter Tusche.

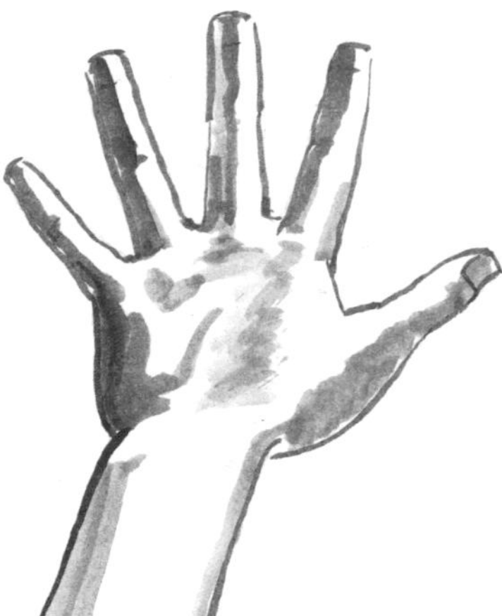

3.

Verdünnen Sie die Tusche für die Schattenbereiche weniger stark. Gehen Sie locker und schnell bei diesen Zeichnungen vor, ein paar Versuche werden Sie brauchen.

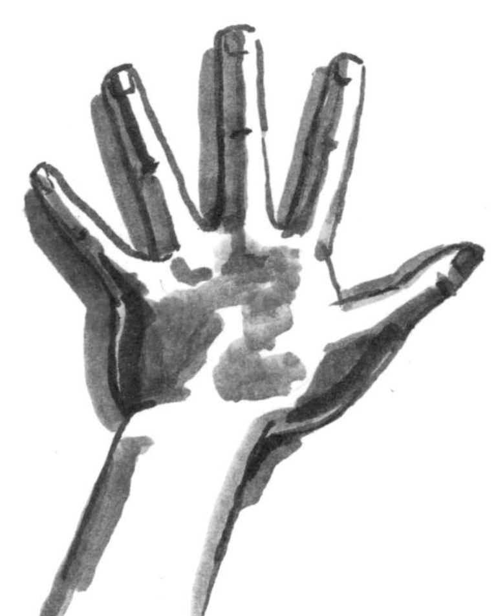

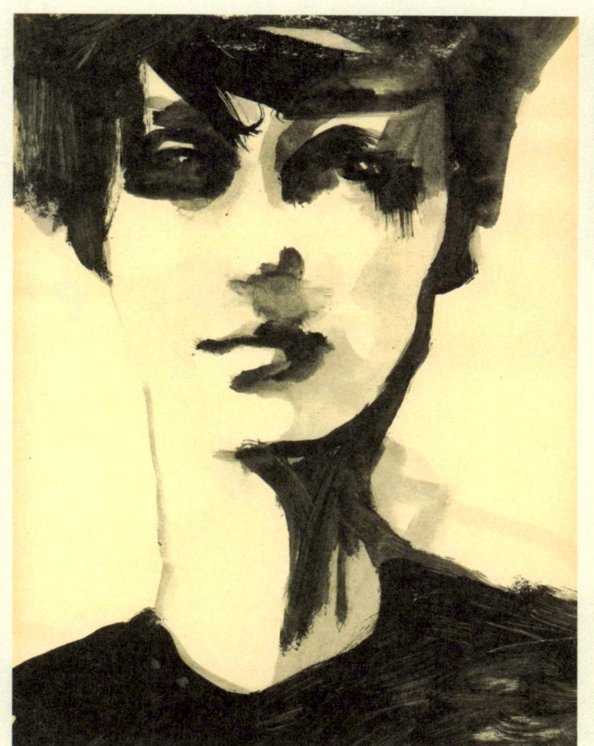

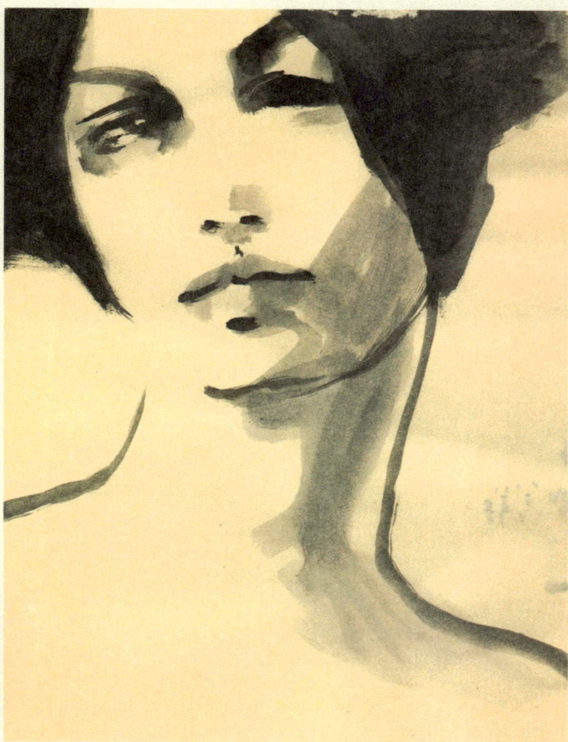

Skizze aus 100 Girls on Cheap Paper
Tina Berning
2006

TECHNISCHER EXKURS

Medium, Materialien und Zubehör

Was wir zum Zeichnen verwenden, hat großen Einfluss auf den Stil und das Aussehen der Zeichnung. Ein Bleistift ist vielseitig und unkompliziert, doch es macht auch Spaß, verschiedene andere Materialien auszuprobieren. So entwickeln Sie Ihre Zeichnungen weiter rund lassen sie immer neu aussehen. Wenn Ihnen jedoch eines dieser Materialien nicht sofort zusagt, geben Sie nicht auf und probieren Sie es noch einmal.

Papier

Papier gibt es in losen Blättern, als Block oder von der Rolle, und es gibt viele Varianten. Zum Zeichnen können Sie so ziemlich alles verwenden, was Sie wollen. Zum Skizzieren und Experimentieren muss es auch nichts Besonderes sein. Einige Dinge sollten Sie jedoch bedenken, wenn Sie ihre Wahl treffen.

GRÖSSE

Skizzenbücher im Taschenbuchformat sollte man immer dabeihaben, vor allem, um zwischendurch schnell Leute im Bus zu zeichnen. Größere Blätter – zum Beispiel von einer Rolle – sind gut für gestische Zeichnungen und Arbeiten mit Kohle.

STÄRKE/GEWICHT

Dies wird in Gramm pro Quadratmeter gemessen. Das reicht von 80 g/m^2 (Druckerpapier) bis zu 400 g/m^2 (fast schon Pappe. Wenn Sie mit verdünnter Tusche arbeiten, brauchen Sie stärkeres Papier.

STRUKTUR

Es gibt gröberes und feineres Papier. Je rauer die Oberfläche ist, desto leichter bleiben Pigmente von Bleistift oder Kohle daran haften. Doch grobe Papiere reiben sich auch leichter ab. Dickere Papiere sind häufig stark strukturiert und speziell für den Einsatz von Tuschen oder Aquarellfarben gedacht.

FARBE

Papier muss nicht weiß sein. Es gibt viele verschiedene Farben, die auszuprobieren sich lohnen. Braun- oder Grautöne sind verbreitet und vermutlich am besten geeignet, wenn Sie mit einem neutralen Mittelton beginnen wollen.

Bleistift

Das Mittel der Wahl ist für die meisten der Bleistift. Bleistifte können hart oder weich sein – oder irgendetwas dazwischen. Weiche Bleistifte werden mit B bezeichnet (für Black), sie hinterlassen eine schwarze Linie, weil mehr Grafit aufgetragen wird. Harte Stifte zeichnen helle Linien, bleiben aber länger spitz und sind für präzise Zeichnungen besser geeignet. HB liegt dazwischen, auch die Marke spielt eine Rolle.

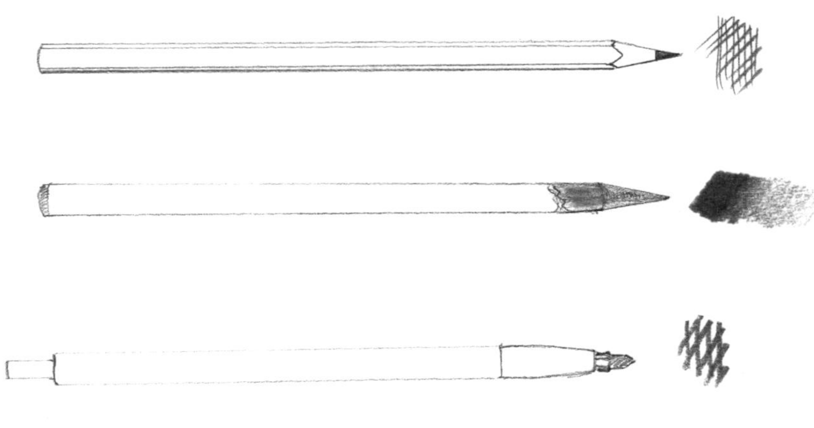

Zeichenkohle und Kohlestifte

Zeichenkohle wird traditionell aus verbrannter Weide hergestellt. Komprimierte Kohle wird zermahlen und wieder gebunden; sie verhält sich ähnlich wie Weide, ist aber schwerer zu radieren.

Kohle ist ein krümeliges, unsauberes Material. Wenn Sie den Bleistift gewohnt sind, dauert es etwas, mit der Kohle zurechtzukommen. Kohle verwischt auch leicht, Sie müssen also vorsichtiger damit umgehen und aufpassen, wo Sie Ihre Hände ablegen.

Ein weißer Buntstift kann mit Zeichenkohle oder Kohlestift auf Tonpapier verwendet werden, um hellere Tönungen und Lichter zu setzen.

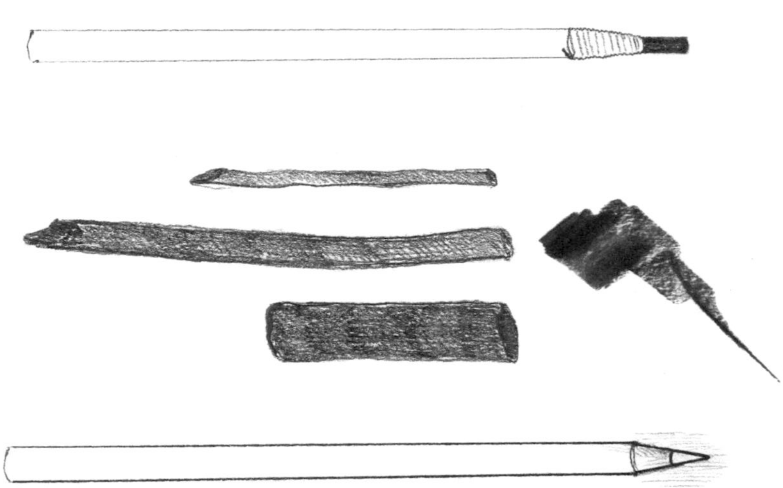

Tusche

Tusche ist eine Flüssigkeit, entweder wasserlöslich oder wasserfest. Sie kann verschieden eingesetzt werden und unterschiedliche Effekte erzielen, von hellem Wash (wenn mit Wasser vermischt) bis hin zu starken, kühnen Umrissen. Nach dem Auftragen aufs Papier kann sie nicht mehr entfernt werden. Zeichentuschen gibt es in Schwarz, Blau und Braun, die Farben ändern sich mit der Verdünnung. Tusche kann unterschiedlich auf Papier aufgetragen werden, mit verschiedener Wirkung.

FEINLINER / KULI / PINSELSTIFT

Einfach und sauber. Feinliner gibt es in verschiedenen Größen; sie sind meist wasserfest. Kugelschreiber haben ein regelmäßiges Strichbild und sind wasserfest. Pinselstifte haben meist einen Pinsel an einem und eine Spitze am anderen Ende und eignen sich gut für Schattierungen und Details.

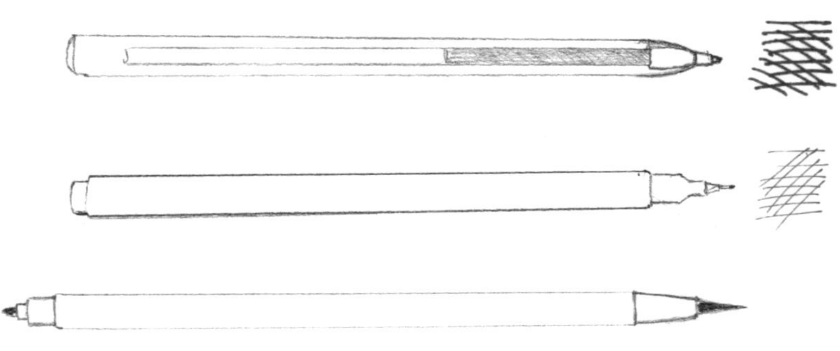

PINSEL

Der Pinsel eignet sich ausgezeichnet für Tusche. Er fühlt sich an, als würde man mit ihm malen, aber Sie tragen die Tusche lediglich dort auf, wo Sie sie haben wollen. Ein Pinsel kann mit der Spitze eine unglaublich dünne Linie erzeugen, mit etwas Druck wird sie breiter.

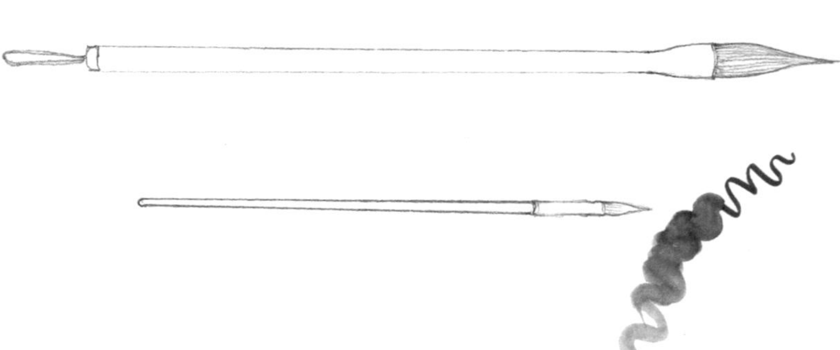

FEDERN/ROHRFEDERN

Dies sind sehr einfache Werkzeuge. Sie haben eine scharfe Spitze, meist aus Bambus, Metall oder Holz. Sie werden in die Tusche eingetaucht und dann wie ein normaler Stift benutzt, ihre Linien sind jedoch nicht ganz so gleichmäßig.

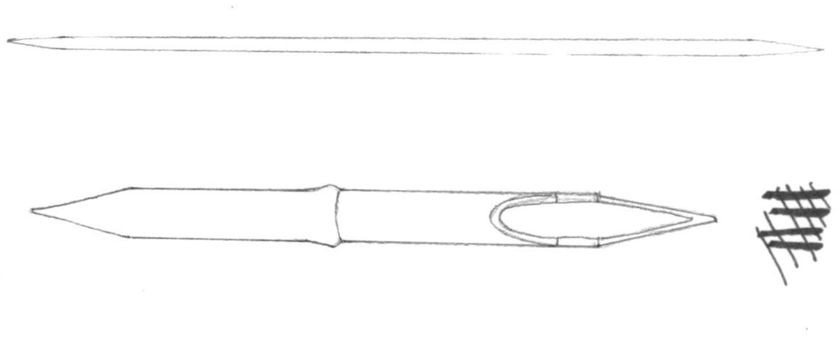

FÜLLHALTER

Sie besitzen eine Metallfeder und ein Tintenreservior und müssen nicht getaucht werden.

Dadurch ist ihr Strich gleichmäßiger, kann jedoch durch unterschiedlichen Einsatz der Feder variiert werden.

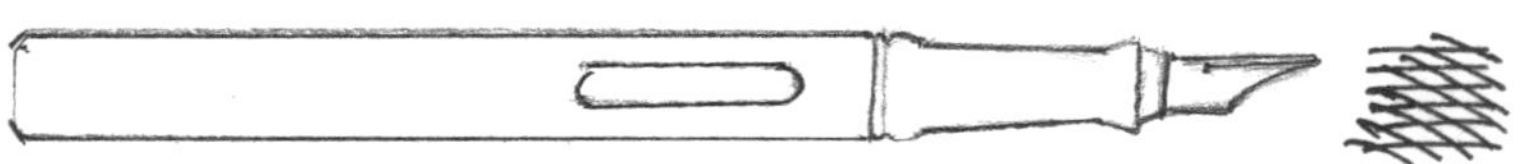

Weitere Materialien

MISCHWERKZEUGE – STUMPEN / WATTEBALL / LAPPEN

Mit Mischwerkzeugen gleichen Sie Übergänge zwischen Hell und Dunkel an und schaffen weiche Linien. Als Stumpen bezeichnet man ein kleines Stück gerolltes Papier. Stumpen und Wattebälle können für Bleistift und Kohle verwendet werden.

TIPP:

Ein sauberes Blatt Papier über Ihrer Kohlezeichnung verhindert, dass Sie sie versehentlich verwischen.

SPITZER / KLINGE / FIXIERER

Fixierer oder Haarspray, beides funktioniert. Bei trockenen Materialien wie Bleistift oder Kohle sollten Sie die Zeichnung hinterher fixieren, damit sie nicht verwischt.

GUMMI – KNETGUMMI / PLASTIKRADIERER

Ein Radiergummi ist gut geeignet, um Fehler zu beseitigen und Verwischtes aufzuräumen, wenn Sie mit der Zeichnung fertig sind. Sie können damit auch helle Stellen in die Zeichnung zurückholen, um Lichter zu erzeugen. Knetgummis sind weich und verformbar. Einen Plastikradierer können Sie mit der Klinge zurechtschneiden, um eine scharfe Spitze oder Kante zu erzeugen.

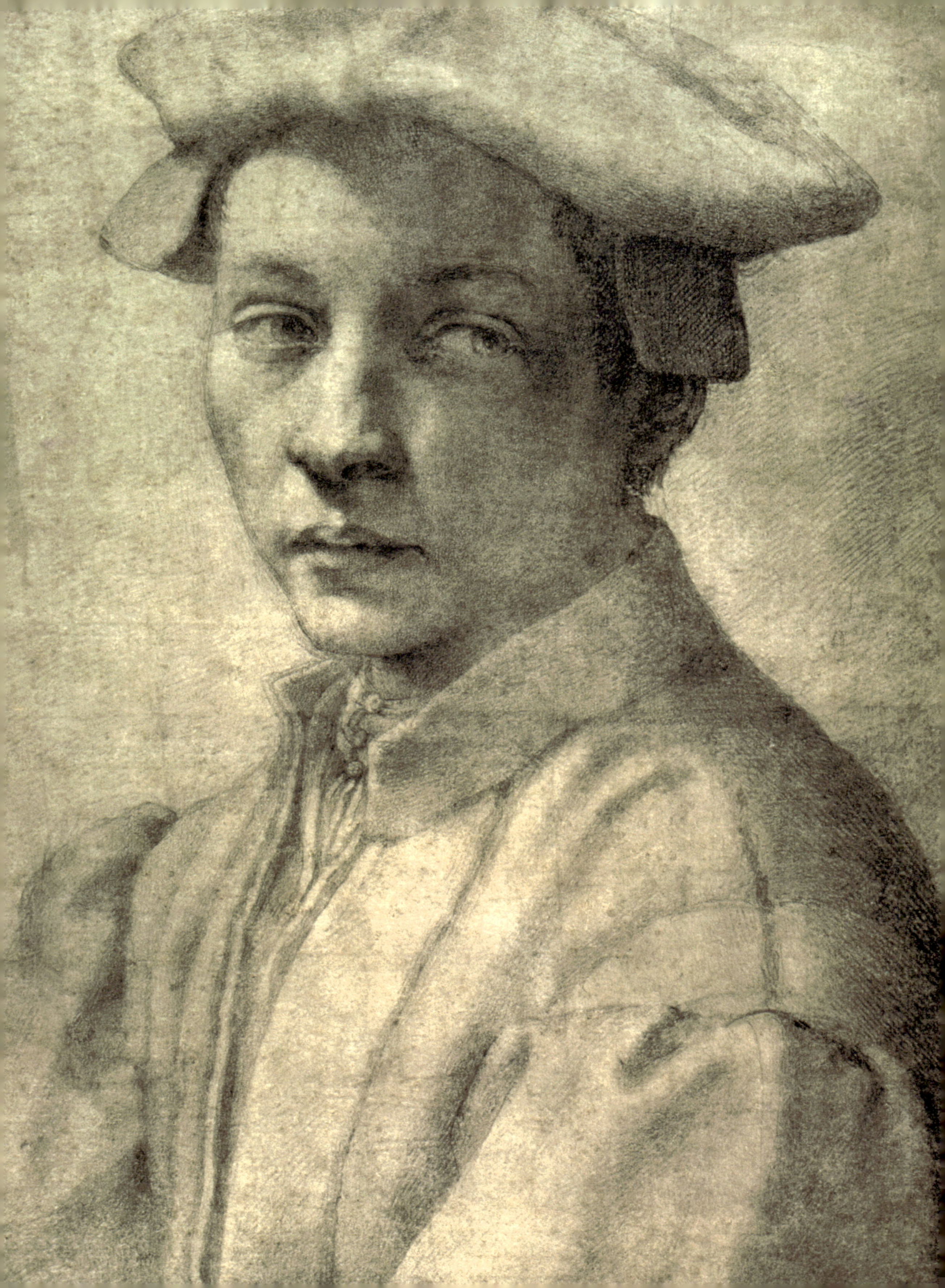

Beleuchtung

Michelangelos Porträt seines Freundes Andrea Quaratesi zeigt eine klassische Beleuchtung der Gesichtszüge eines Modells. Michelangelo hat sein Modell mit einer Schulterdrehung auf Dreiviertel positioniert, während der Kopf wieder Richtung Künstler gedreht ist. Ein weiches, natürliches Licht kommt von links oben und wirft einen leichten Schatten auf Andreas Gesicht, um ihm etwas Tiefe zu verleihen.

Die Beleuchtung reflektiert sowohl die Stimmung des Modells als auch des Künstlers.

Es gibt zwei Kategorien von Licht: natürlich und künstlich. Sie können sowohl drinnen als auch draußen mit natürlichem Tageslicht arbeiten. Sie haben zwar keine Kontrolle über das Wetter, aber Sie können die Tageszeit wählen. Außerdem können Sie Ihr Modell positionieren und damit bestimmen, wie das Licht auf die Person auftrifft.

Licht kann hart und weich sein. Diese Eigenschaften gelten sowohl für Kunstlicht als auch für natürliches. Hartes Licht ist hell und wirft scharfe, deutliche Schatten. Weiches Licht ist diffuser und umfließt ein Modell eher. Licht in der Mittagssonne ist viel härter als am frühen Morgen oder Abend. Eine helle Lampe wirft hartes Licht, kann aber auch weichgezeichnet werden.

Die Beispiele in diesem Kapitel zeigen Zeichnungen, die sowohl im Atelier als auch draußen angefertigt wurden. In jedem Beispiel hat der Künstler einen Lichteffekt verwendet oder erzeugt, der die Sicht auf das Motiv beeinflusst. Die Beleuchtung gibt einer Zeichnung ihren Charakter, von einer düsteren Stimmung bis hin zu hell und sachlich.

Porträt von Andrea Quaratesi
Michelangelo Buonarroti
1532

TECHNISCHER EXKURS

Aufbau

Wenn Sie Personen bei sich zu Hause zeichnen, sollten Sie ein Setting aufbauen, das für Sie und das Modell angenehm ist. Dabei kann selbst das Wohnzimmer zum Atelier werden – Sie sollten lediglich das Licht beeinflussen können.

Modell

WENN SIE MIT EINEM MODELL ARBEITEN, DENKEN SIE DARAN:

1. **Ihr Modell muss sich wohlfühlen.**
2. **Lassen Sie Ihrem Modell Pausen.**
3. **Halten Sie die Position Ihres Modells fest, bevor Sie eine Pause machen.**

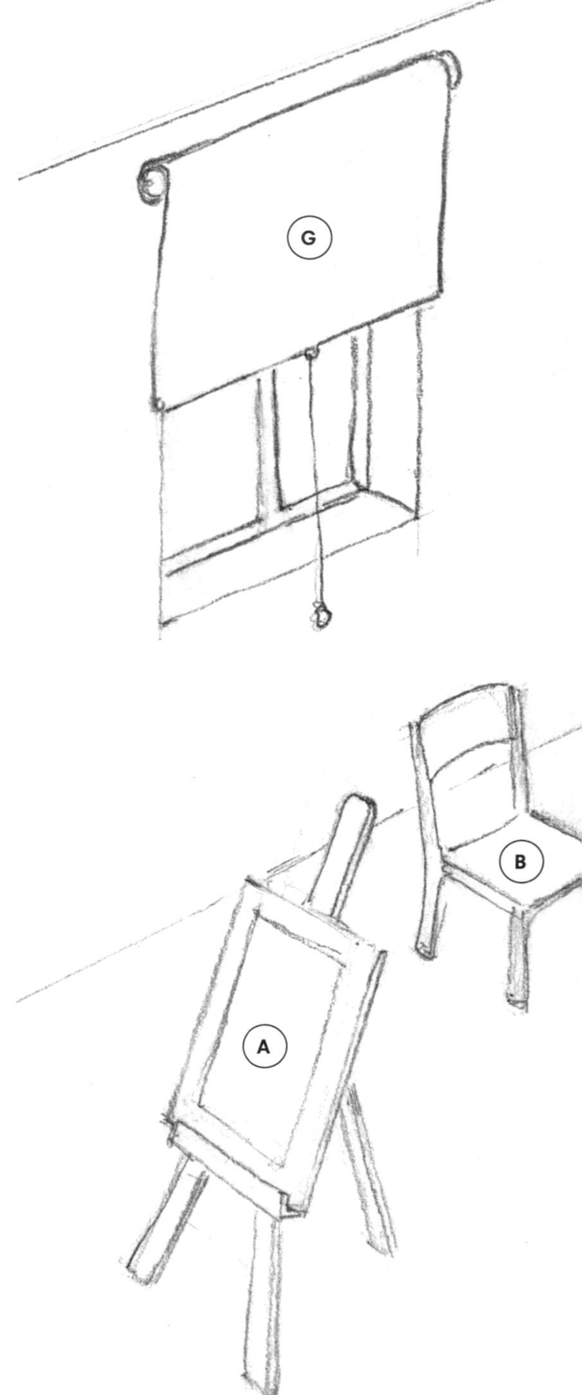

A **Staffelei – so aufstellen, dass der Blick zum Modell passt**

B **Stuhl – für Sie zum Hinsetzen, wenn Sie mit Skizzenbuch statt Staffelei arbeiten. Bitte auch hier Blick zum Modell.**

C **Sitzstaffelei – Kombination aus Stuhl und Staffelei. Auch hier bitte Position zum Modell beachten.**

D **Hintergrund**

E **Spot**

F **Scheinwerfer mit Softbox**

G **Rollo zum Abdunkeln**

H **Hocker für Modell (Stoff/Requisit optional)**

I **Heizlüfter oder Lüfter**

J **Bühne oder Plattform für Modell**

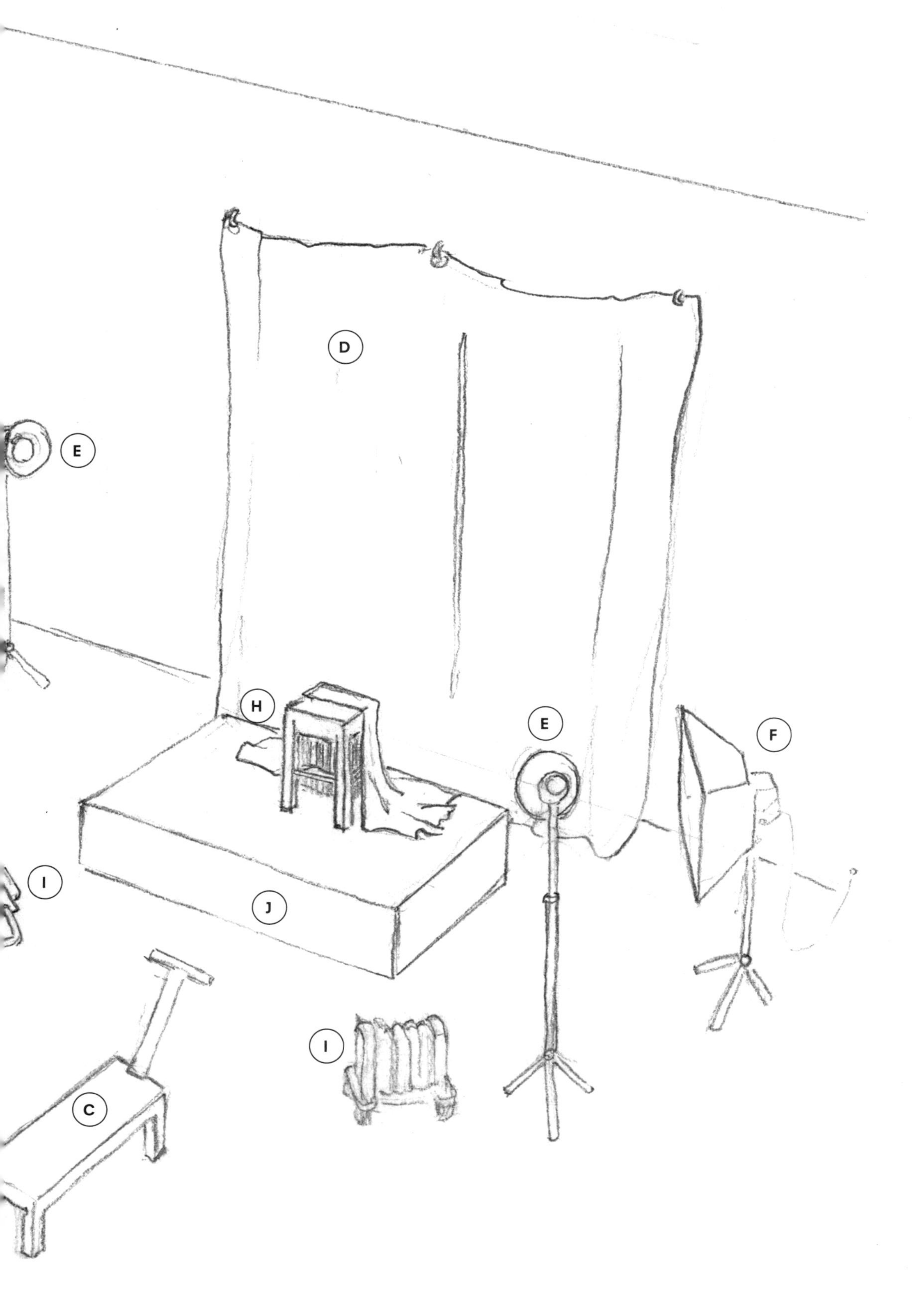
D
E
H
E
F
I
J
I
C

Draußen

WENN SIE DRAUSSEN ARBEITEN, DENKEN SIE BITTE DARAN:

1 Nehmen Sie immer ein Skizzenbuch, einen Bleistift oder einen Stift mit. Wenn Sie zwischendurch ein paar Minuten Zeit haben, zeichnen Sie.

2 Zeichnen Sie das Unbeobachtete. Am besten geht das im Zug, aber auch im Café um die Ecke.

3 Wählen Sie einen Ort mit vielen Menschen und zeichnen Sie schnell.

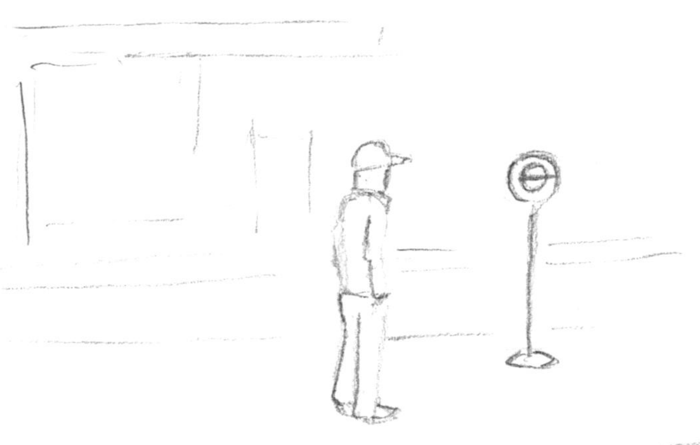

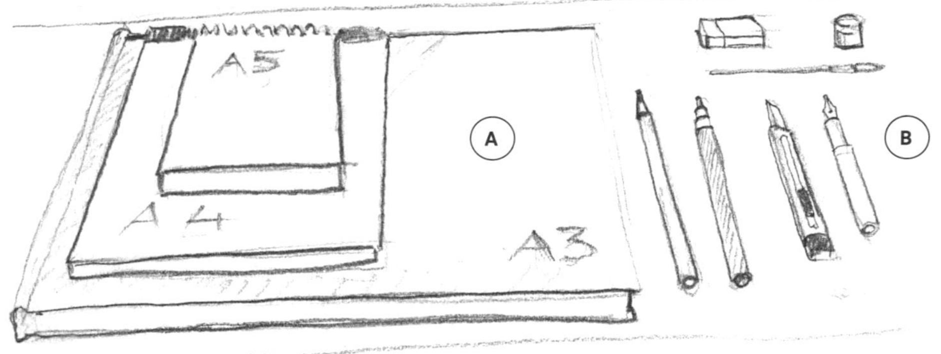

A Skizzenbuch – wählen Sie eine angenehme Größe. A5 (oder A6) kann man gut immer dabeihaben. Besser nicht größer als A3, das wird zu offensichtlich und zu aufwendig.

B Stifte – nehmen Sie die, mit denen Sie am besten umgehen können. Wenn Sie mit Tusche arbeiten, brauchen Sie einen kleinen Pinsel und einen Wassertopf (der Deckel einer Wasserflasche reicht meist aus).

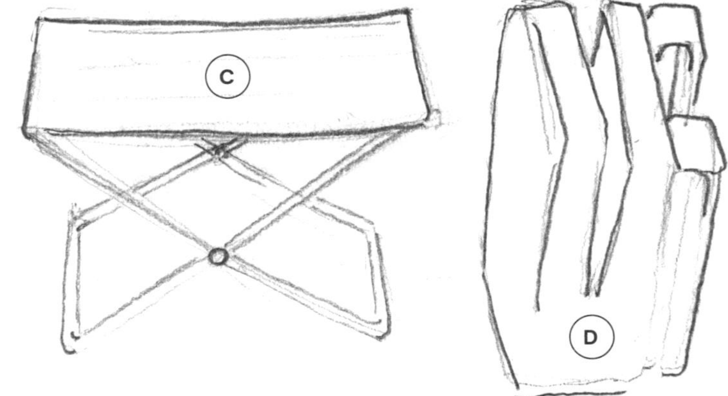

C Hocker (völlig optional) – wenn Sie in einem Café oder im Bus zeichnen, brauchen Sie natürlich nichts zum Sitzen mitzubringen. Aber an einer Straßenecke oder irgendwo draußen kann ein Hocker echt nett sein.

D Tasche – um Skizzenbücher und Ausrüstung zu tragen, wenn Sie etwas mehr mitnehmen wollen

Selbstporträt

WENN SIE EIN SELBSTPORTRÄT ZEICHNEN, DENKEN SIE DARAN:

1 Sorgen Sie für einen bequemen Stuhl. Sie werden einige Zeit sitzen.

2 Ihre Beleuchtung ist wichtig. Etwas seitliches Licht sorgt für interessante Schatten. Nehmen Sie sich Zeit, das Licht gut einzurichten.

3 Sie müssen sich gut sehen. Eine Staffelei auf dem Tisch ist gut, denn darauf können Sie einen Spiegel abstellen, den Sie auf Höhe Ihres Gesichts einrichten. Wenn Sie Ihren Spiegel auf etwas ablegen, sorgt der Winkel für eine gewisse Verzerrung Ihres Gesichts, Ihr Kinn und Ihr Hals wirken prominenter.

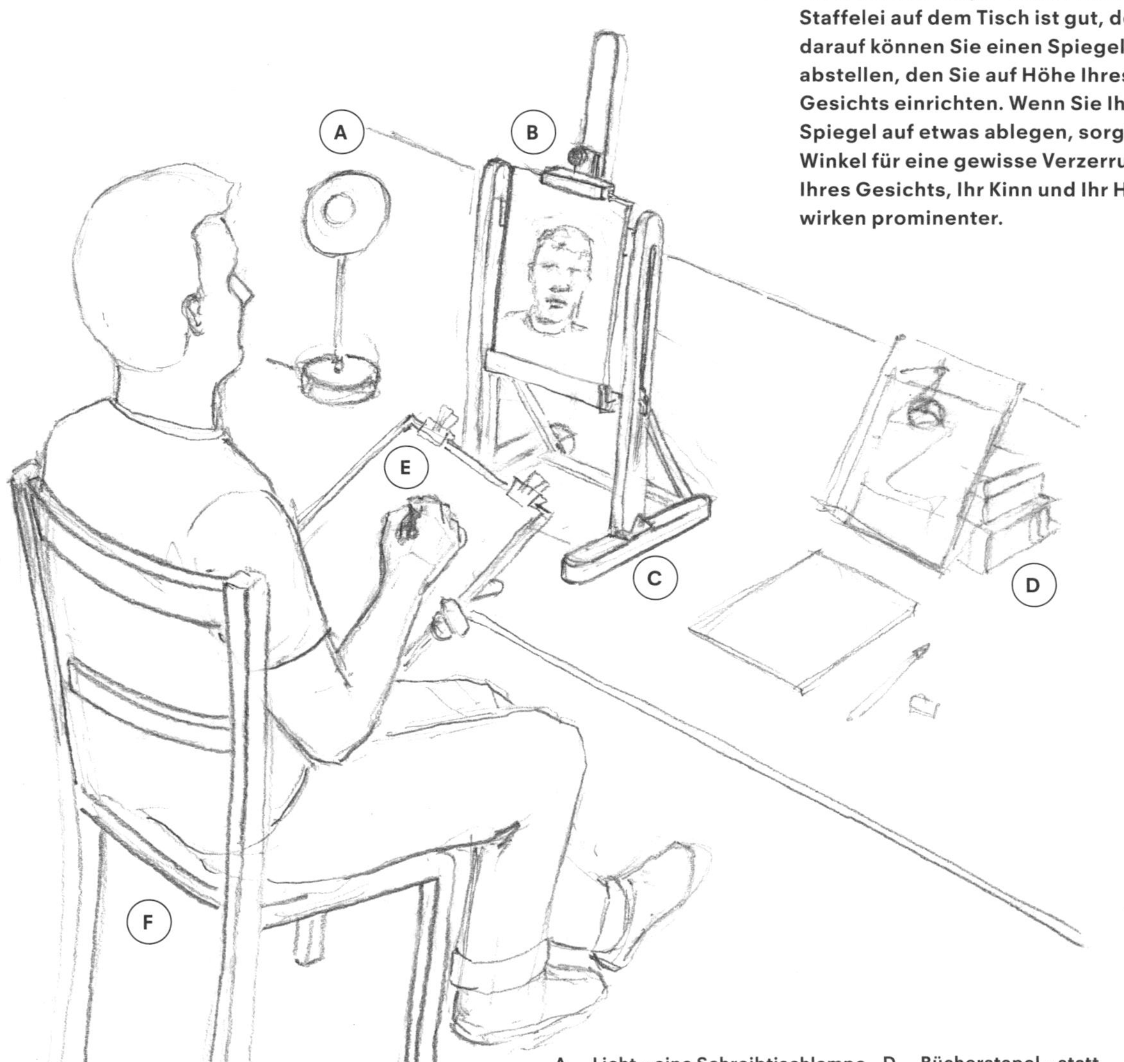

A Licht – eine Schreibtischlampe reicht aus. Oder Sie setzen sich ans Fenster. Sorgen Sie jedenfalls für den gewünschten Lichteffekt.

B Spiegel (wichtig)

C Tischstaffelei (optional) – sehr nützlich, um Höhe und Position des Spiegels einzurichten.

D Bücherstapel – statt einer Staffelei können Sie auch einen Bücherstapel verwenden, um den Spiegel dagegen zu lehnen.

E Skizzenbuch oder Papier auf Karton

F Stuhl

Kontrast schaffen

Diese Zeichnung von Mark Demsteader ist heftig. Das Licht verwandelt eine ansonsten einfache Pose in ein dramatisches und wirkungsstarkes Bild.

Demsteaders Porträts sind ausdrucksstark und sehr charakteristisch. In seiner innovativen Technik verwendet er unterschiedliche Medien, um die Oberfläche seiner Zeichnungen aufzubauen, doch es ist die Intensität der dunklen Schatten, die das Bild so spannend und interessant machen.

Demsteader wirft direkt von oben ein starkes, hartes Licht auf sein Modell, Kate. Ihre Augen sind in den tiefen Schatten völlig verschwunden, die auch den unteren Teil ihres Gesichts zu schlucken scheinen. Das Licht fällt auf den oberen Kopfbereich und erzeugt Spitzlichter auf Stirn, Nase, Wangen und Oberlippe. Der Kontrast der Lichter und der tiefen, satten Schatten sorgt für ein machtvolles Porträt.

Hartes Licht sorgt für starke Lichter und Schatten.

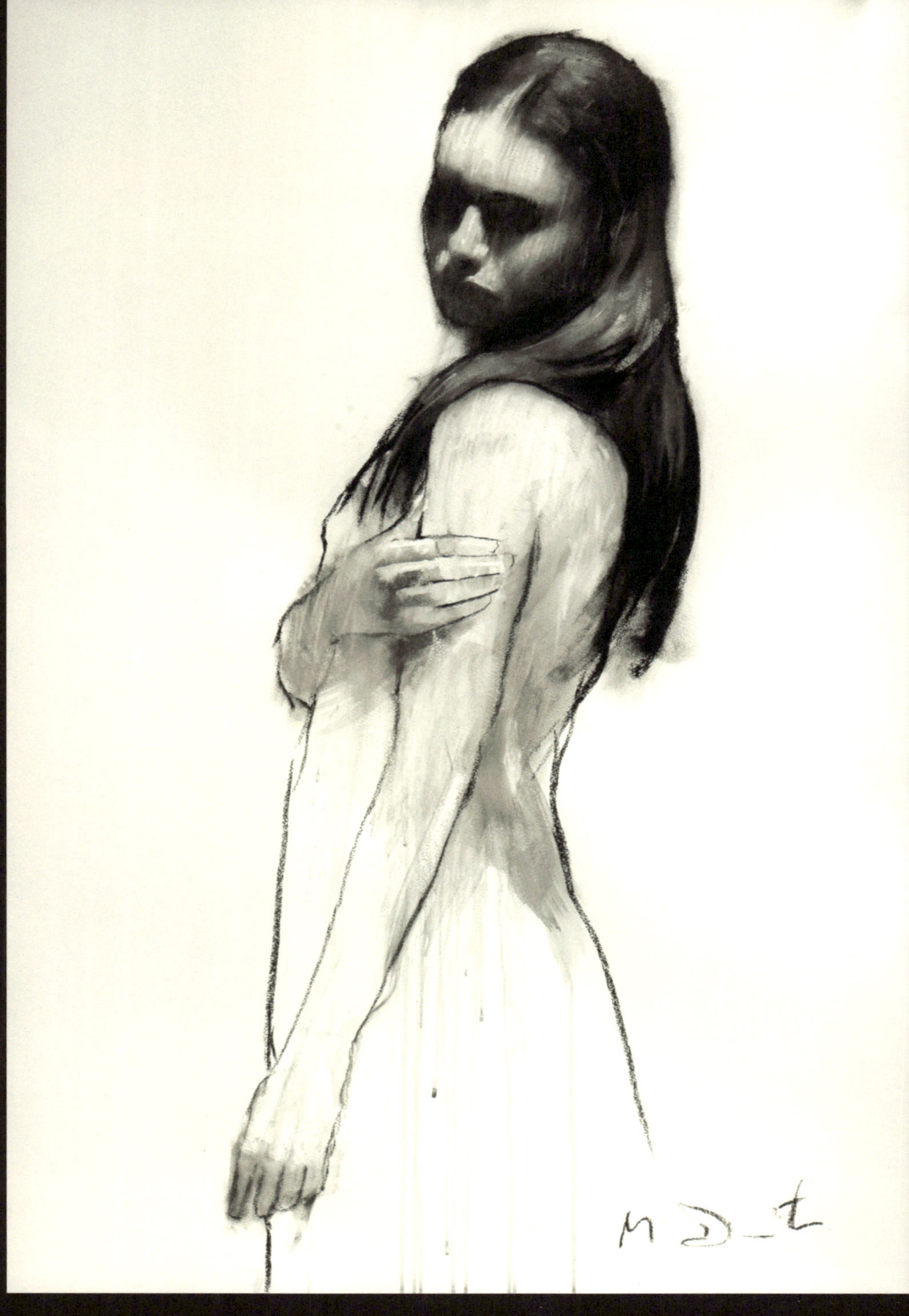

Kate Standing
Mark Demsteader

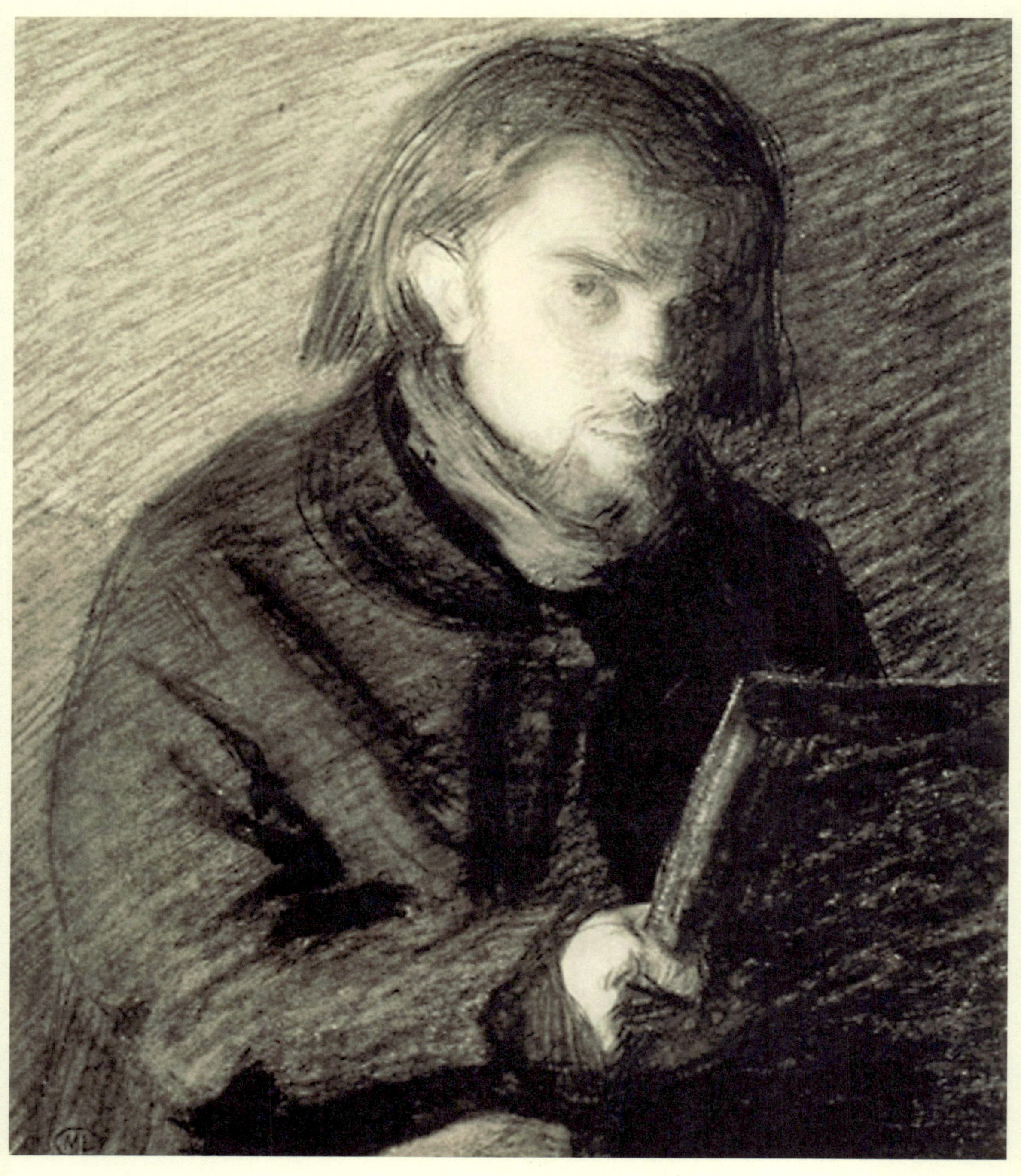

Selbstporträt
Henri Fantin-Latour
1860

Ihre dunkle Seite

Diese Zeichnung besteht vor allem aus Schatten. Nur die Hälfte von Fantin-Latours Gesicht ist beleuchtet, dennoch wird die Präsenz des Künstlers durch die Dunkelheit eher untermauert.

Die Beleuchtung stammt hier von einer einzelnen Lichtquelle links. Dadurch entstehen tiefe Schatten, die Fantin-Latour nachdenklich und fast brütend darstellen. Er starrt in den Spiegel – und auf uns, die Betrachter –, in der Hand hält er den Skizzenblock, das Haar hinters Ohr gestrichen. Die Beleuchtung unterstreicht das Bild, das der Zeichner beabsichtigt – von einem tiefsinnigen, intensiven Künstler.

Die Schatten von einer seitlich angeordneten, starken Lichtquelle verleihen Zeichnungen einen gewissen Charakter. Schatten verdecken einige Elemente, der Betrachter kann sie nicht sehen oder nur erahnen. Indem Sie Ihr Motiv aus der Dunkelheit auftauchen lassen, schaffen Sie ein besonders stimmungsvolles und mysteriöses Bild.

Schatten können die Stimmung Ihrer Zeichnung verändern.

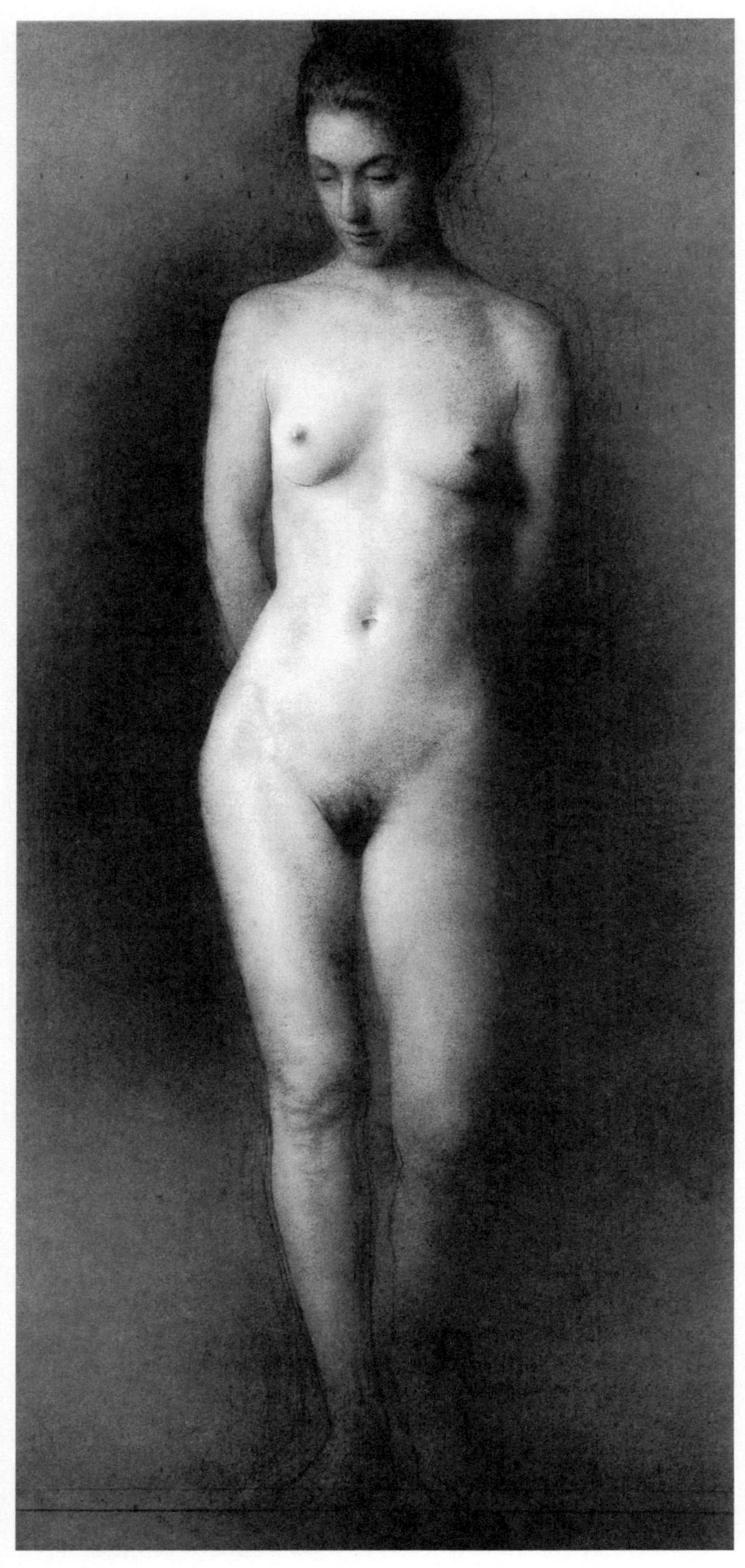

Figure
Paul Emsley
2004

BELEUCHTUNG

Behutsam

Die Figur taucht aus dem Hintergrund auf: Sie steht im klassischen Kontrapost, die Augen gesenkt. Alles an dieser Zeichnung ist ruhig; wäre sie ein Mensch, würde sie uns beruhigend zuflüstern. Selbst das Licht ist wunderschön diskret.

Emsley beleuchtet sein Modell von links außerhalb des Bildes. Aber hier sehen wir nicht das harte Licht wie bei Fantin-Latour – keine harten Kontraste –, dieses Licht schmeichelt der Körperform des Modells. Dennoch sorgt es für Form und Tiefe, allerdings mit einem sanften Zusammenspiel aus Grautönen von den hellsten links bis zu den dunkelsten rechts.

Ein weiches, gerichtetes Licht akzentuiert die Form Ihres Modells. Nehmen Sie sich die Zeit, das Licht sorgfältig zu setzen und so das gesamte Spektrum an Grautönen über Ihr Modell zu verteilen.

Weiches Licht umfließt die Form.

Hell und wunderschön

Michael Landy zeichnet seine Porträts wie ein Wissenschaftler seine Proben. Seine Modelle werden zuvor peinlich genau vermessen, bevor sie zu Papier gebracht werden, wobei jedes Detail des Gesichts dokumentiert wird.

Dieses schörkellose Porträt seiner Gattin, Gillian Wearing, stammt aus einer Serie von Bleistiftporträts, die mit ähnlichem Ergebnis unter denselben Bedingungen entstanden sind. Landy zeichnete alle Porträts mit Bleistift, direkt von vorn und mit nur wenig Schattierung. Durch die fehlenden Schatten wirken die Gesichter flach wie eine Landkarte der Gesichtszüge. Bei solchen Porträts geht es weder um Stimmung noch im Tiefe – es geht darum, alles absolut klar zu sehen.

Landy zeichnete diese Porträts in einem weißen Raum, ausgeleuchtet mit Neonröhren. Diese liefern ein diffuses weißes Licht, das so gut wie keine Schatten wirft, perfekt also, um alle Details offenzulegen und diese mit forensischer Genauigkeit abzubilden.

Frontales Licht löscht alle Schatten und das Motiv wirkt flach.

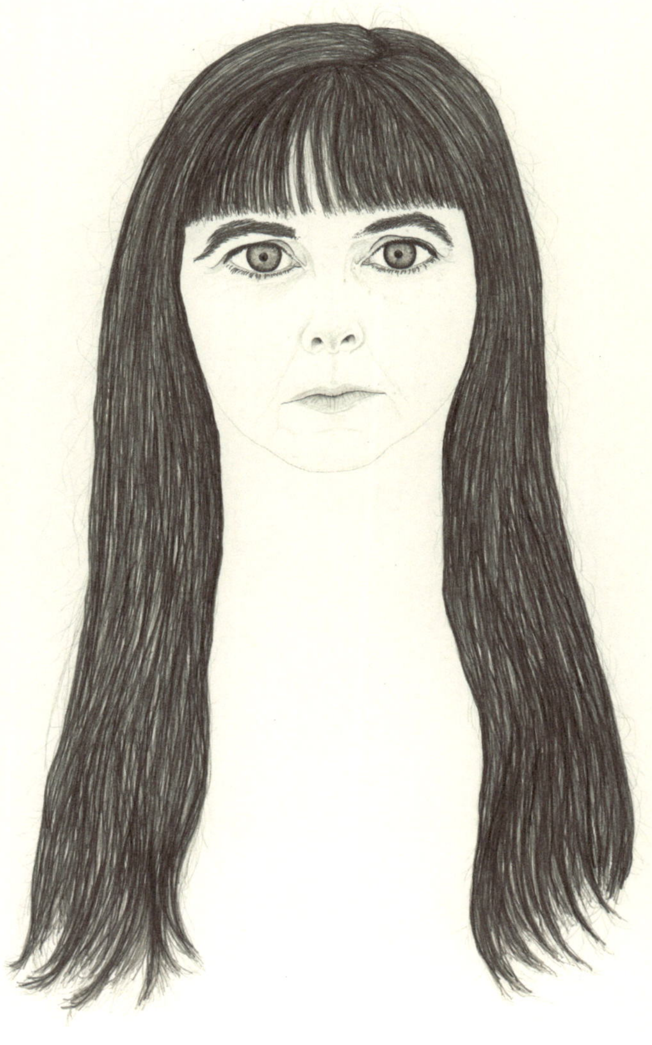

Gillian
Michael Landy
2008

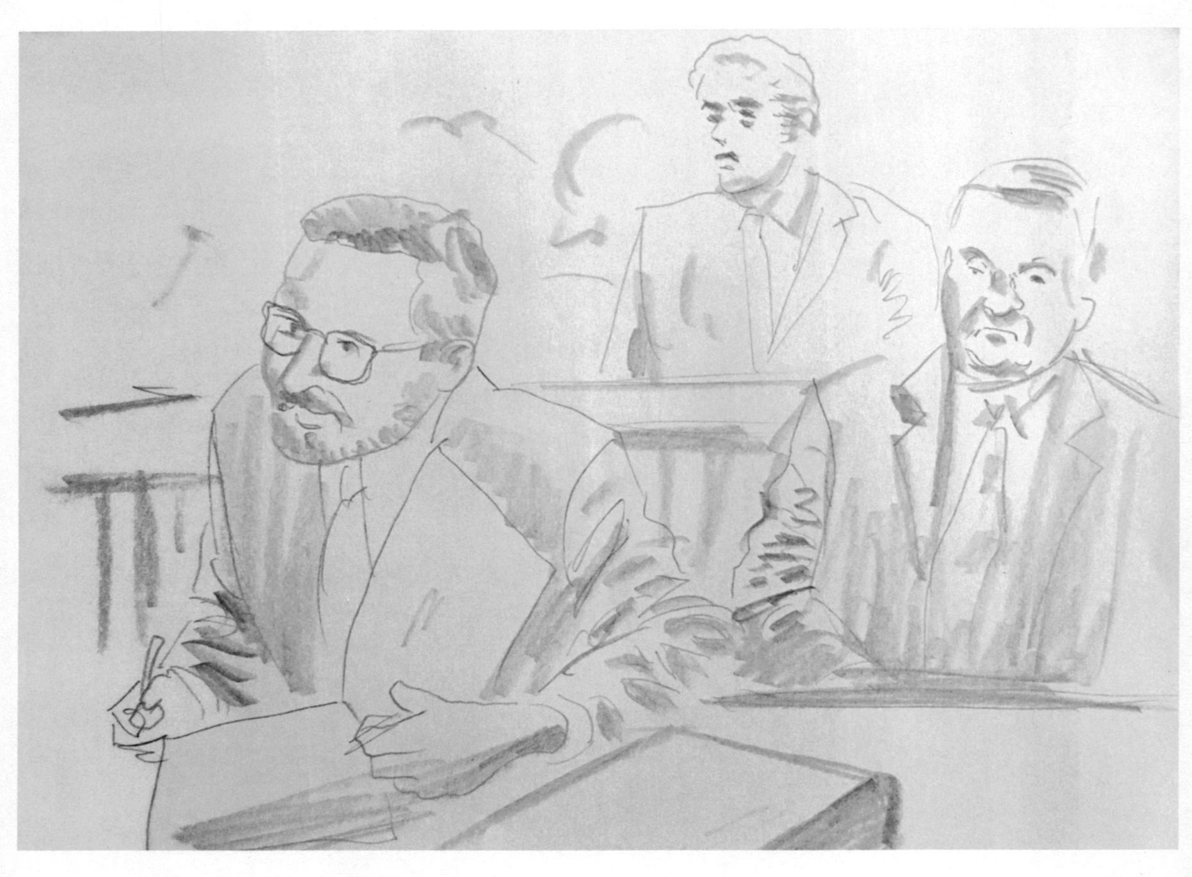

Gerichtszeichnung
Wayne Shellabarger Fox
2008

Grobe Zusammenfassung

Als Gerichtszeichner hat es Wayne Shellabarger Fox mit künstlichem Funktionslicht zu tun, das die gesamte Szene durchflutet. Im Gerichtssaal posiert niemand und an den skizzierenden Künstler denkt man schon gar nicht. Vermutlich haben die Menschen dort anderes zu tun.

Dem Künstler bleiben nur Sekunden, um die Körpersprache und den Gesichtsausdruck der Personen vor ihm einzufangen. Er tut das mit einer gekonnten Mischung aus Linien und Schattierungen. Breite Striche mit der Seite des Bleistifts sorgen schnell für Schattierungen. Die Bleistiftspitze hingegen schafft eine klare Linie.

Diese Technik fängt nicht nur die Gesichtsausdrücke der Protagonisten brillant ein, sie stellt auch die Atmosphäre bei Gericht mit dem hellen, sachlichen Licht dar.

Wir erkennen, dass die breiten Linien sehr effizient die Geländer hinter den beiden Hauptpersonen darstellen und die schnellen Wirbel und Striche andere Personen im Raum andeuten.

Suchen Sie sich Linien, die eher andeuten als definieren.

TECHNISCHER EXKURS

Beleuchtung

Wir sind immer von Licht umgeben, auch jetzt, da Sie diesen Text lesen – aber wie oft achten Sie wirklich darauf? Vermutlich eher selten. Doch beim Porträtzeichnen müssen wir darauf achten – sogar sehr genau hinschauen, was verschiedene Leuchten tun und wie sie wirken –, damit das, was Sie zeichnen, wie gewünscht aussieht.

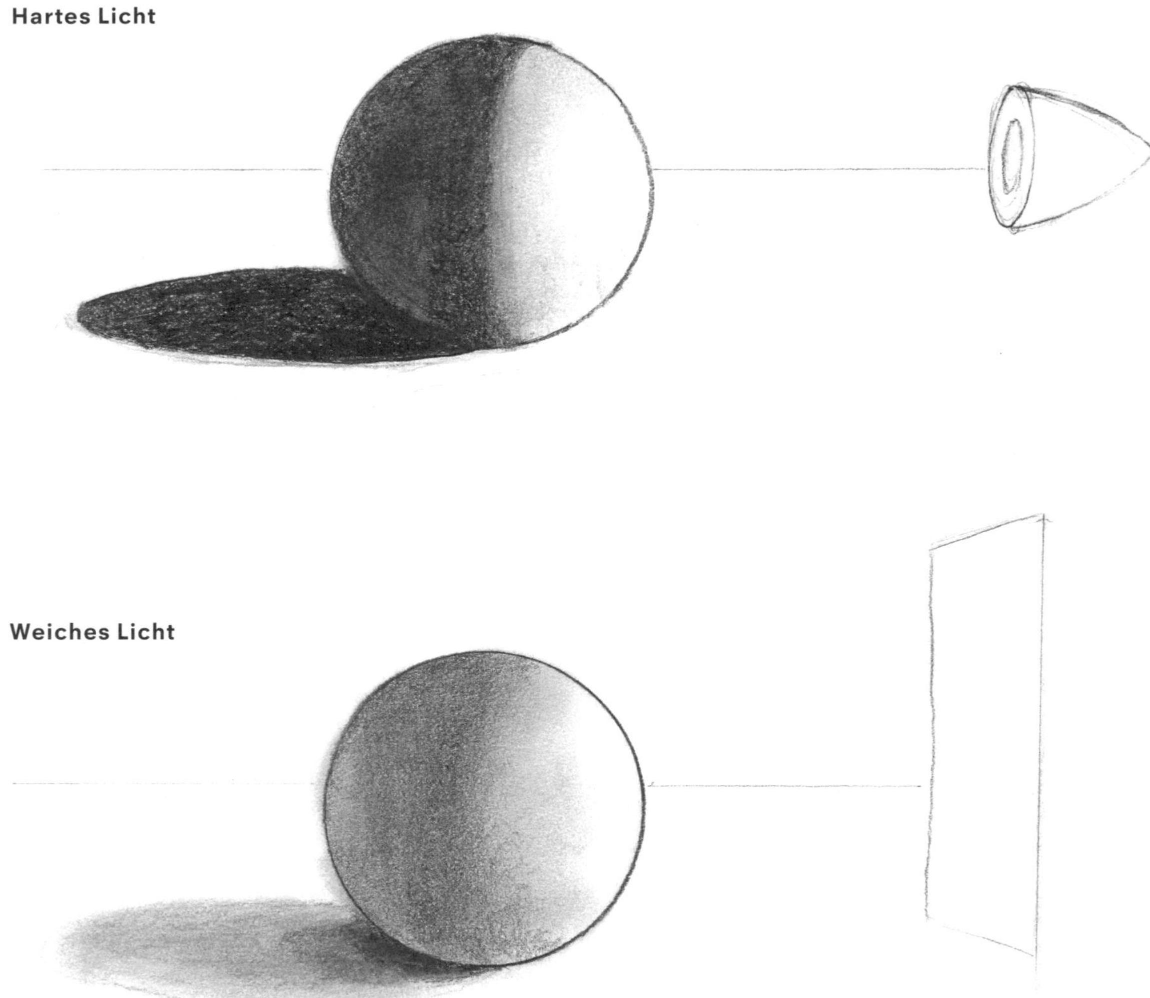

Licht von unten

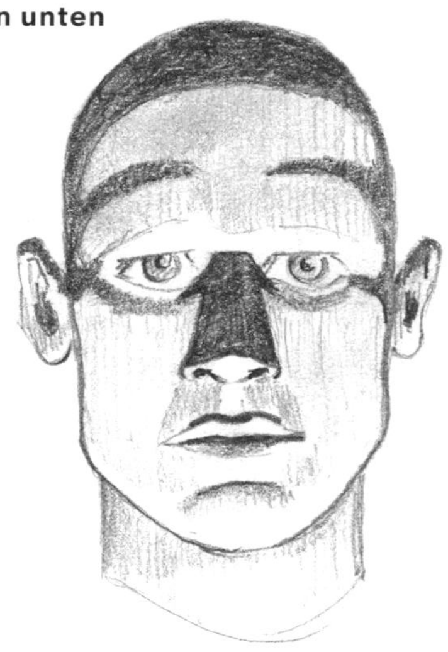

Licht von oben

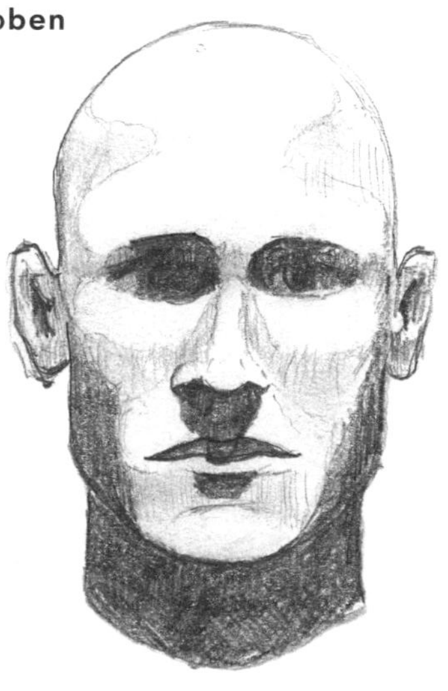

Licht von der Seite

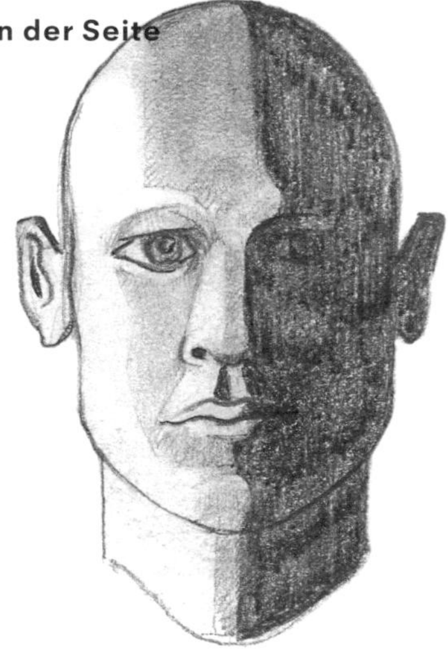

Licht von oben und von der Seite

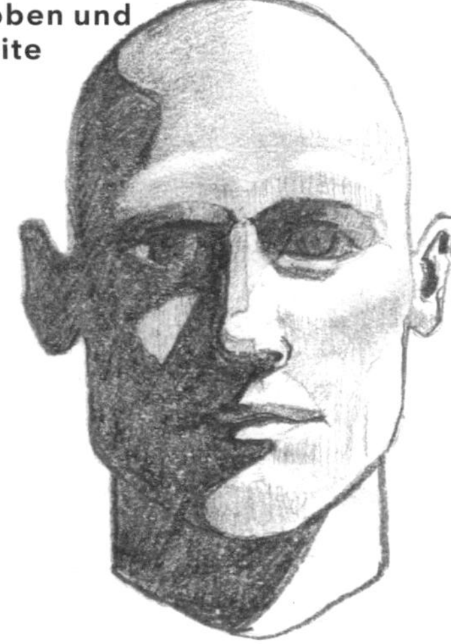

Frontales Licht

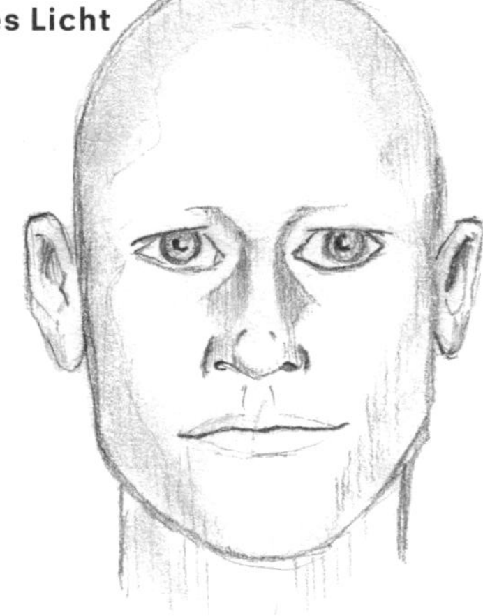

Licht von unten und von der Seite

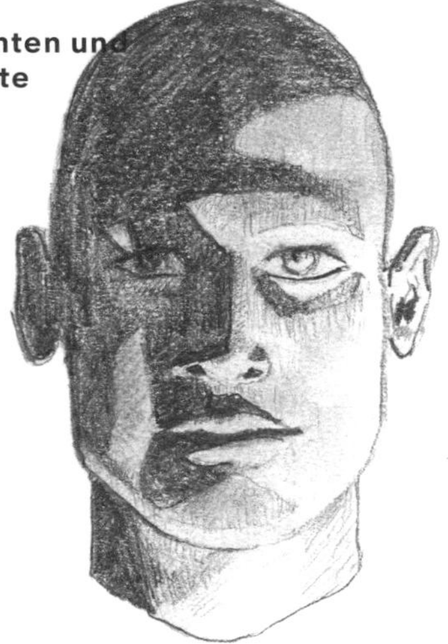

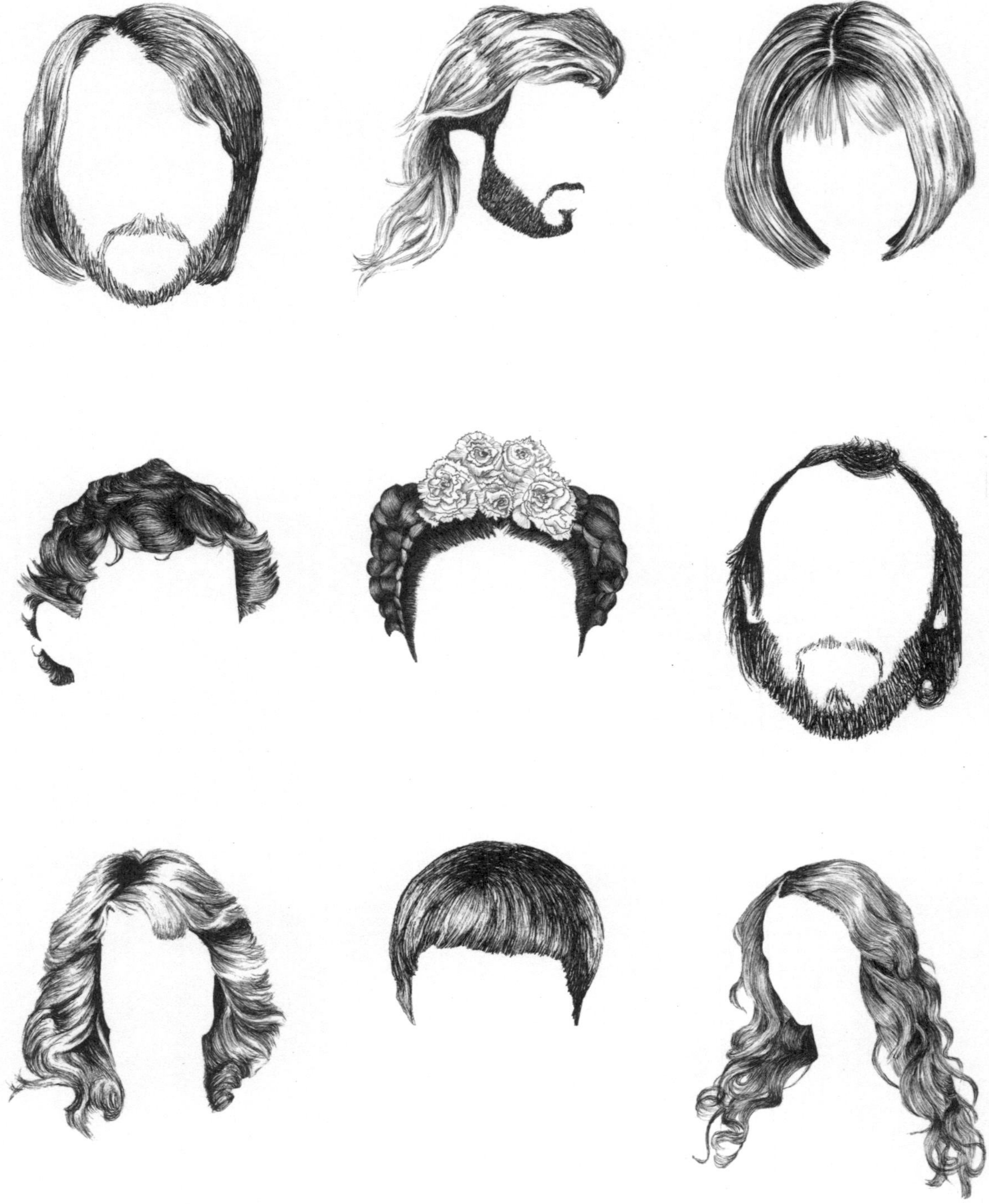

Individualität

Wie erkennen wir einander? Was macht uns einzigartig? Wenn wir eine Person zeichnen, müssen wir deren einzigartige Eigenschaften erkennen und dann im Bild festhalten – das, was den Menschen ausmacht.

Bisher haben wir uns darum gekümmert, dass »alles am richtigen Ort ist«. Das ist wichtig, aber jetzt müssen wir unser Handwerk weiterentwickeln. Was den Menschen individuell macht, ist der Schlüssel für den Porträtzeichner. Der erste Anlaufpunkt sind natürlich die Gesichtszüge, die als Gesamtheit einen Menschen erkennbar und besonders machen.

Schauen Sie sich die verschiedenen Frisuren an. Ohne Kopf oder Gesicht schweben sie im leeren Raum und wirken komisch. Dabei sind sie sehr charakteristisch. Indem sie nur diese eigene Eigenschaft zeichnete, begann Christina Christoforou, die Individualität zu suchen.

Beginnen Sie mit den Gesichtszügen, aber hören Sie nicht dort auf.

Schauen Sie sich um – wen können Sie sehen? Was macht diese Menschen besonders? Schauen Sie genau hin und denken Sie nach. Was ist mit der Kopfhaltung, der Art und Weise, wie sie stehen, ihrer Kleidung, den Objekten, mit denen sie sich umgeben? All das sehen wir vor uns, und als Künstler müssen wir trainieren, es auch zu erkennen. Nehmen Sie sich also ein paar Minuten und schauen Sie genau hin.

People Are Unique
Christina Christoforou
2010

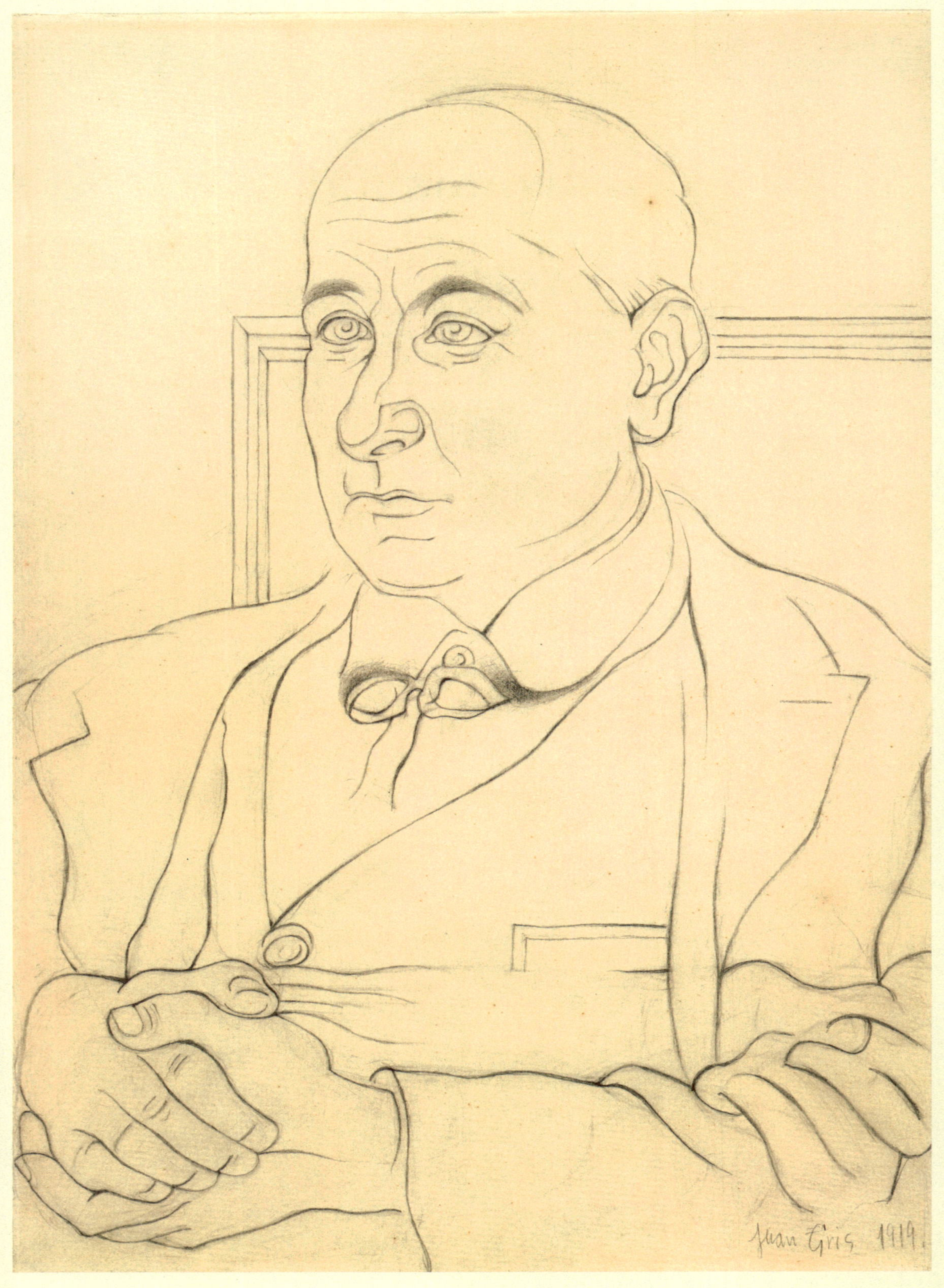
Juan Gris 1919.

Die Form

Unsere Gesichtszüge unterscheiden sich – so erkennen wir einander. Große Nase, Segelohren, die Mundwinkel etwas nach unten gezogen. In dieser Linienzeichnung von Max Jacobs reduziert Juan Gris die komplexen Züge seines Freundes auf wenige einfache, klare Formen.

In dieser Zeichnung gibt es kaum Schattierungen, aber ihr Fehlen betont die sorgfältig gearbeiteten Formen des Gesichts. Gris nimmt sich viel Zeit, die Nuancen genau darzustellen – die gefurchten Brauen, die leicht knollige Nase. Und wo ein Schatten hätte sein können, konzentriert sich Gris auf die Form.

Wenn man ein Gesicht zeichnet, wird man leicht faul und setzt voraus, dass jeder weiß, wie eine Nase oder ein Auge geformt ist. Diese Form passt aber nicht unbedingt zu dem Modell, das Sie zeichnen wollen.

Lassen Sie alle Vorurteile fallen und zeichnen Sie, was Sie sehen.

Porträt von Max Jacobs
Juan Gris
1919

INDIVIDUALITÄT

Reale Gesichtszüge

Trotz der stillen Haltung in dieser Komposition animiert Holbein meisterhaft das Gesicht und die Eigenschaften dieses eleganten Modells, das uns direkt anschaut und ein Lächeln andeutet. Die mit Kreide angedeutete Schattierung wirkt so lebensecht, als würde sie sofort anfangen zu sprechen.

Wie in Gris' Zeichnung hat Holbein die Züge seines Modells sorgfältig beobachtet und dargestellt; während Gris jedoch nur eine Linie benutzt, um das Gesicht zu beschreiben, kombiniert Holbein scharfe Umrisse mit Licht und Schatten, um dem Gesicht der Frau Form und Tiefe zu verleihen. Durch die feine Abstimmung von Hell und Dunkel werden die Konturen ihrer hohen Wangenknochen und der feingliedrigen Nase ausgezeichnet in Szene gesetzt.

Ohne Schattierung wirkt das Gesicht immer flach. Sie brauchen hier jedoch keine dramatischen Lichteffekte; feine Schattierungen reichen aus, um das Modell lebendig wirken zu lassen.

Schattierung erweckt Gesichter zum Leben.

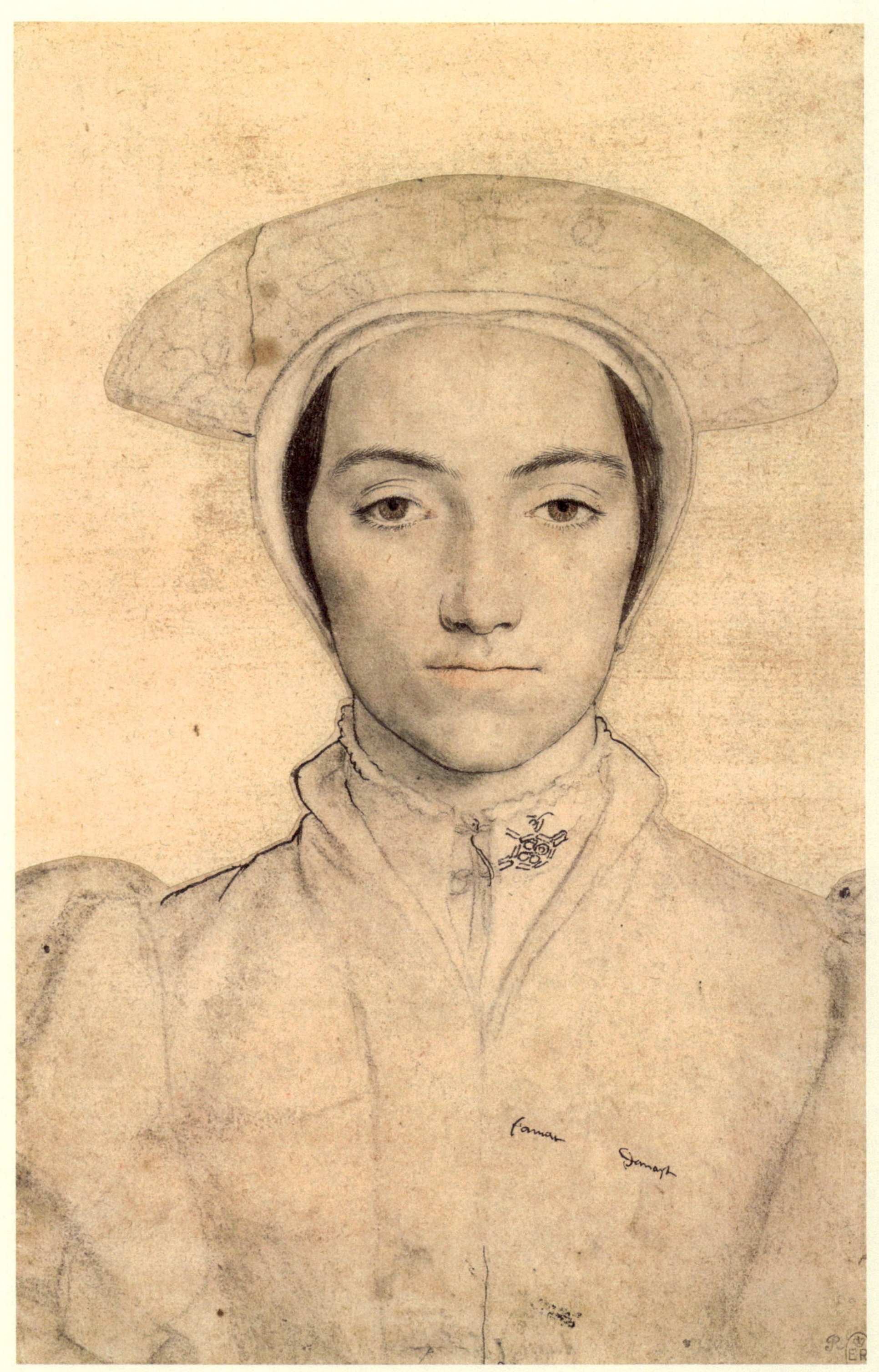

Porträt einer unbekannten Frau
Hans Holbein der Jüngere
1540

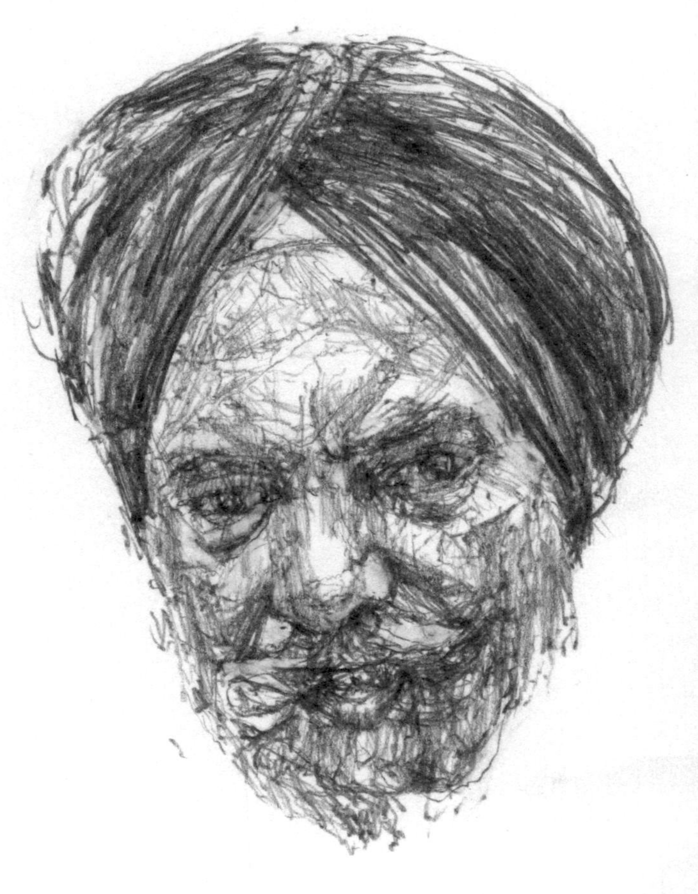

Reden ist gut

Diese Zeichnung ist Teil von Dryden Goodwins *Linear,* einer Serie von 60 Porträts von Menschen, die bei der Jubilee Line der U-Bahn in London gearbeitet haben. In diesen Porträts konzentrierte sich Goodwin lediglich auf das Gesicht – keine Kleidung, keine Requisiten, kein Hintergrund –, nur die Gesichtszüge erzählen von der Person.

Goodwin unterhielt sich beim Zeichnen auch mit den Modellen, um sie kennenzulernen und es ihnen angenehmer zu machen. Damit konnte er das Modell als reale Person wahrnehmen, nicht nur als steifes Modell.

Das bedeutete jedoch auch, dass sich Goodwins Modelle beim Zeichnen bewegten. Seine Technik basiert also im Wesentlichen auf Anpassung – es gibt keine scharfen, »korrekten« Linien. Er zeichnet einfach darüber und passt die Zeichnung seinem Modell an.

Wenn Sie Ihr Modell beim Zeichnen näher kennenlernen, können Sie dessen Persönlichkeit besser in der Zeichnung unterbringen. Dabei müssen Sie zwar vielleicht einige Linien korrigieren, aber so entsteht eine reichhaltige Matrix von Linien, die schließlich Ihr Modell treffend darstellen.

Wenn Sie Ihrem Modell gestatten zu sprechen, können Sie als Künstler seine Persönlichkeit wahrnehmen.

Ungestellt und echt

Diese Zeichnung wirkt wie ein natürlicher, unbeobachteter Schnappschuss einer Autorin bei der Arbeit. Ein Sinnbild der Konzentration.

Rowlings Gesicht liegt fast im Schatten und ihr Haar wirkt natürlich – ein paar lose Strähnen fallen ihr ins Gesicht und fangen das Licht ein. Diese Zeichnung war nicht gestellt. Sie entstand in Rowlings Büro in Edinburgh – als Teil einer Serie, in der Stewart Pearson Wright den Alltag der Autorin einfing.

Den Ort erkennen wir nicht, aber das spielt keine Rolle – Rowling füllt das Bild komplett aus; sie ist der Star der Zeichnung, und ihr Block und Stift liefern alle Hinweise auf ihren Beruf, falls überhaupt welche nötig wären.

Pearson Wright nahm die Szene, das Licht und alles so auf, wie er es vorfand. Natürlich wusste Rowling, dass sie gezeichnet wurde, so konnte er nah an sie herankommen. Zum Glück wirkt es dennoch nicht, als ließe sich Rowling dadurch von ihrer Arbeit ablenken.

Wenn Sie mit einem Modell arbeiten, das mit etwas beschäftigt ist, achten Sie darauf, was da passiert. Denn bedenken Sie: Die Leute sind keine Profi-Modelle, suchen Sie sich also Ihren besten Winkel und die beste Position. Wenn Sie nicht zu aufdringlich sind, können Sie sich auch Kleinigkeiten wünschen – zum Beispiel, das Haar aus dem Gesicht zu streichen.

Eine Zeichnung von Menschen in ihrer natürlichen Umgebung sagt mehr über sie aus.

TIPPS:

1. **In dieses Situationen ist sich Ihr Modell Ihrer bewusst, achten Sie dennoch auf seine Arbeitssituation.**
2. **Nehmen Sie sich Zeit, die beste Position zum Zeichnen zu finden, und suchen Sie sich einen guten Blickwinkel.**
3. **Denken Sie daran, dass die meisten Personen keine professionellen Modelle sind, aber Sie können sie trotzdem um kleine Gefälligkeiten bitten, zum Beispiel, ihr Haar aus dem Gesicht zu streichen.**

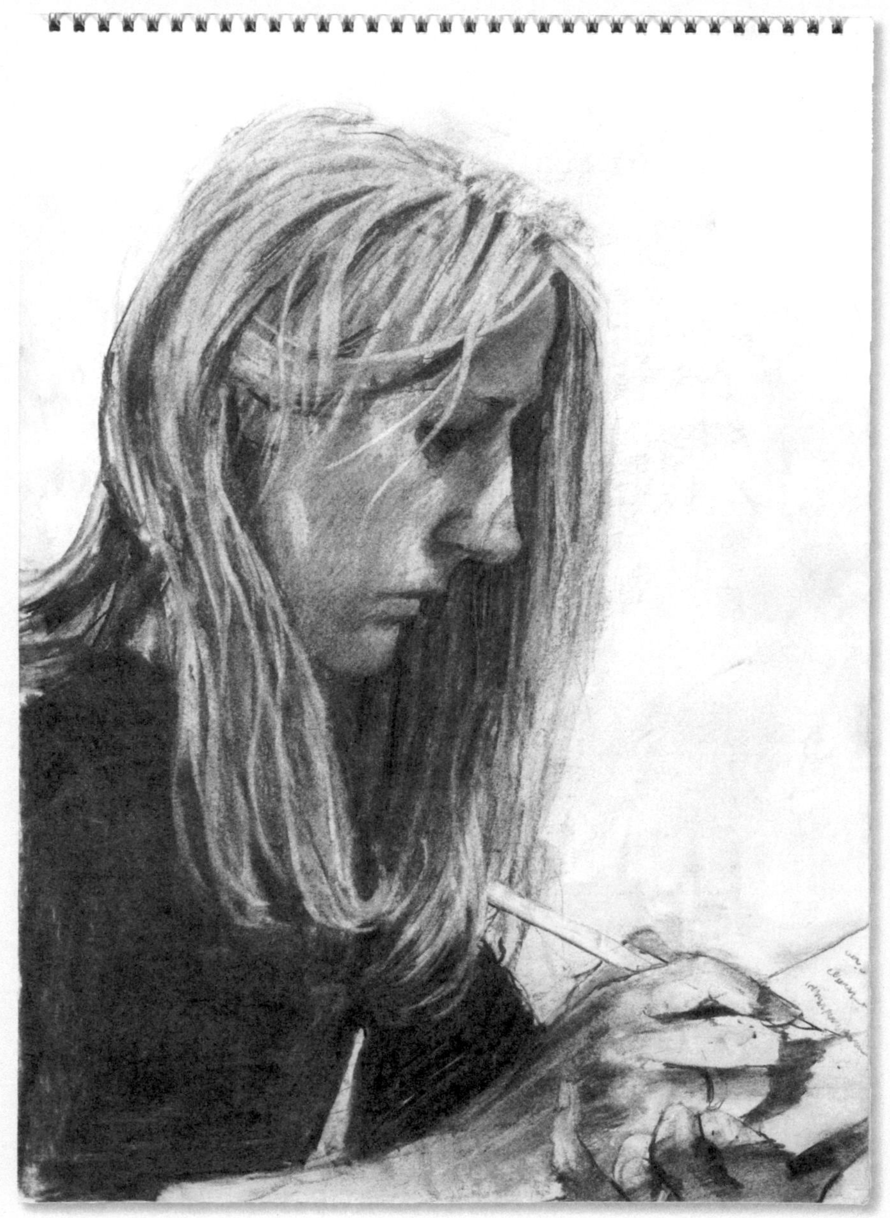

JK Rowling
Stewart Pearson Wright
2005

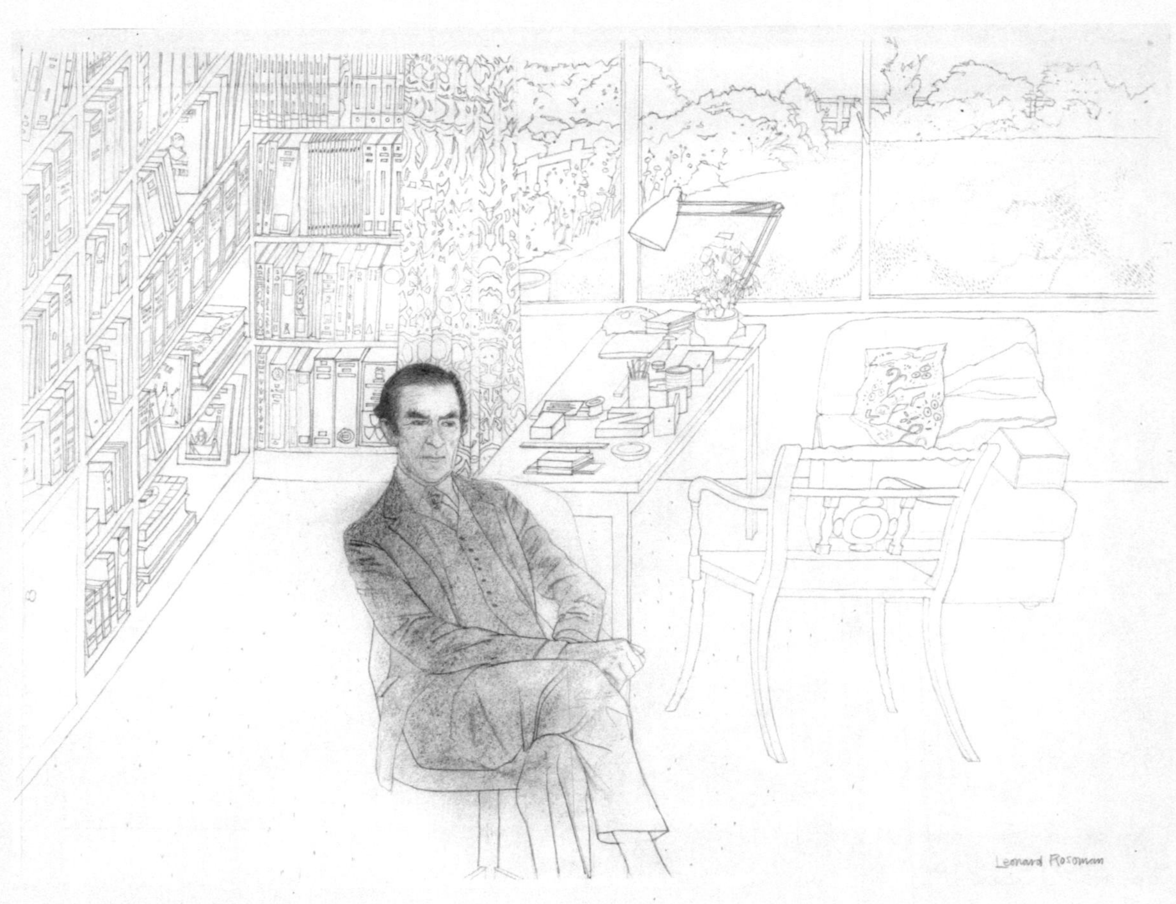

Nicolas Clerihew Bentley
Leonard Rosoman
1980

Achten Sie auf die Umgebung

Schauen Sie sich um. Helfen Ihnen die Dinge in Ihrer Umgebung, Ihre Identität darzustellen?

In diesem Porträt platziert Rosoman sein Modell, einen Autor und Illustrator, in seinem natürlichen Umfeld. Umgeben von seinen Büchern und den Werkzeugen seiner Zunft, sitzt Clerihew Bentley bequem und sicher in seinem Büro.

Die Orte, an denen wir uns aufhalten, zu Hause, bei der Arbeit, im Auto, enthalten viele Spuren von »uns«. Als Künstler ist es wichtig, diese zu erkennen und zu verwenden, um die Menschen zu beschreiben, die wir zeichnen. Der Hintergrund kann dabei ebenso wichtig sein wie das Modell selbst. Die Details in Rosomans Bild sind eine Möglichkeit, aber nicht die einzige. Ob Sie Ihr Motiv ohne Kontext oder an einem bestimmten Ort zeichnen, liegt bei Ihnen und ist eine bewusste Entscheidung.

Der Kontext Ihres Modells gibt Hinweise auf seinen Charakter.

INDIVIDUALITÄT

Rückwärts denken

Wer ist das? Wir sehen kein Gesicht, aber es gibt andere Hinweise.

Ein solches Porträt ist mutig, denn die meisten Menschen erwarten das Gesicht der Person, die Sie zeichnen. In gewisser Weise müssen Sie sich bei einem solchen Bild mehr Mühe geben, aber die lohnt sich, wenn das Bild so einzigartig wird wie die Person, die es zeigt.

Sie brauchen nicht unbedingt das Gesicht einer Person, um ihre Individualität zu zeigen. Ich trage ein silbernes Armband an meinem rechten Handgelenk, das ich nie ablege; es wurde zu meinem Markenzeichen, das jeder, der mich kennt, sofort erkennen würde. Suchen Sie etwas Einzigartiges an Ihrem Modell, das es auch ohne das Gesicht einzigartig macht.

Wir brauchen nicht unbedingt ein Gesicht, um eine Person zu erkennen.

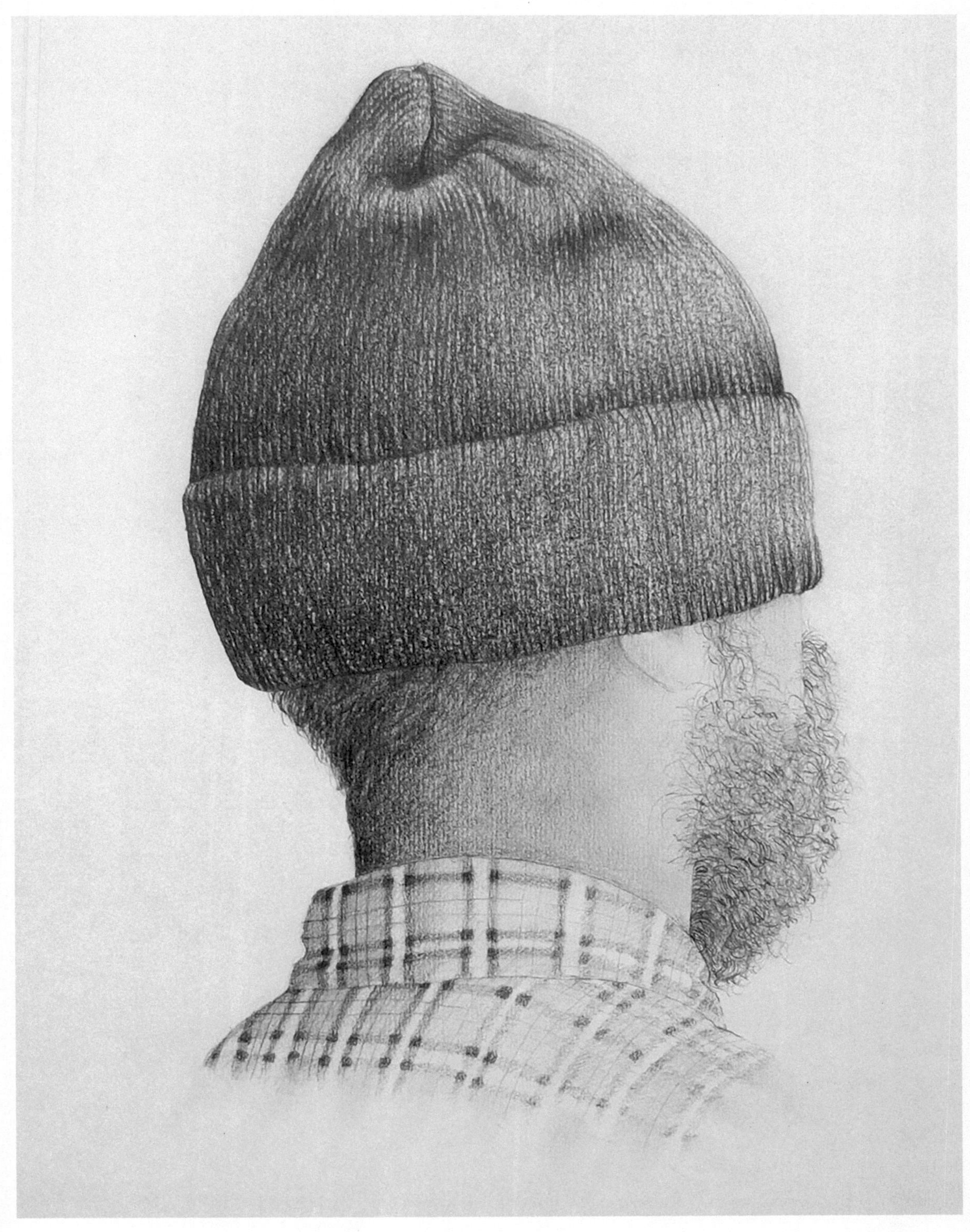

Porträt von hinten
Nettie Wakefield
2011

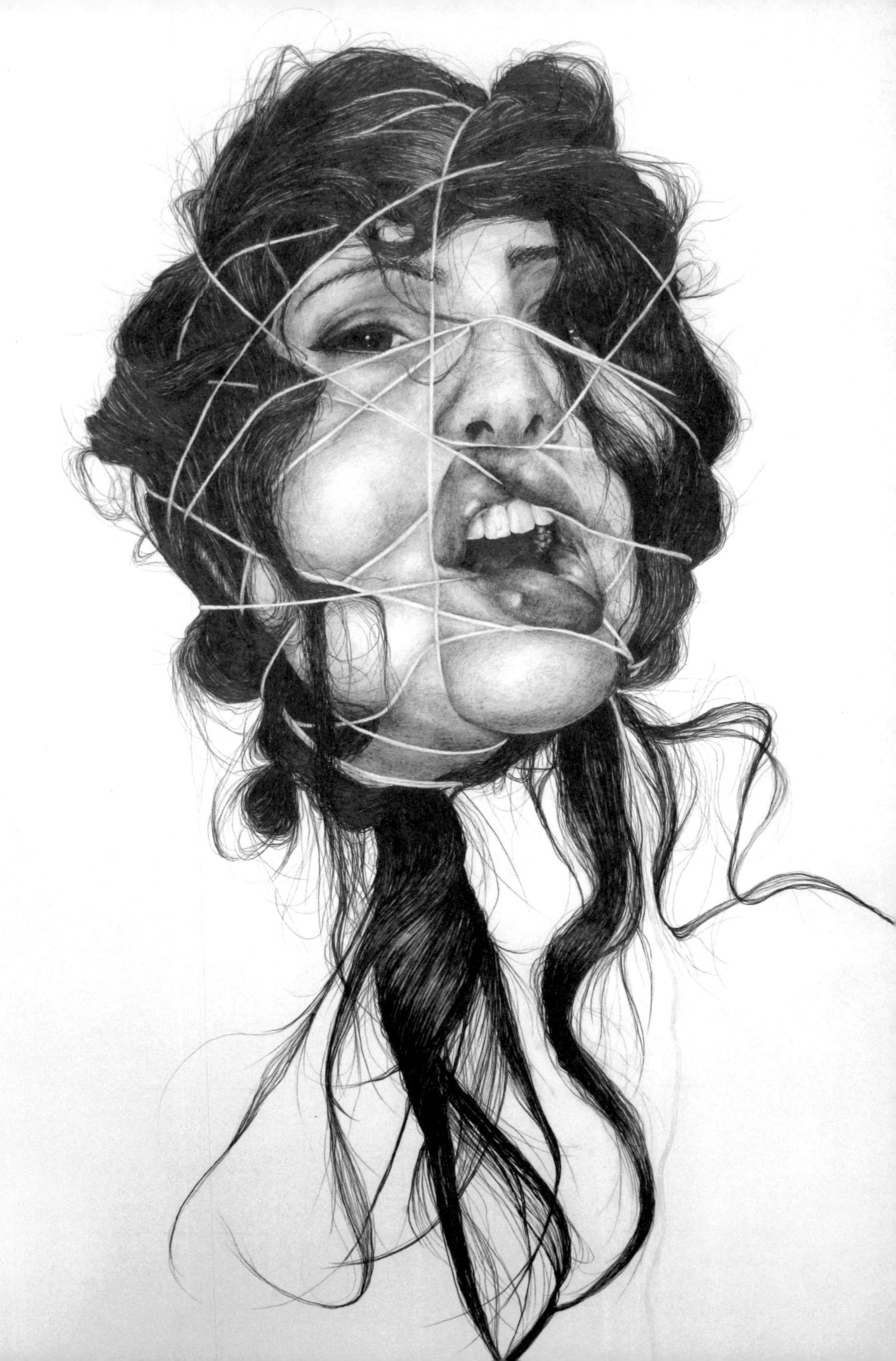

Ansatz

Die Zeichnungen in diesem Kapitel zeigen den Wunsch der Künstler, unterschiedliche Methoden zu finden, um sich selbst auszudrücken. Die Ideen für eine Zeichnung rücken in den Mittelpunkt. Technik ist immer noch wichtig, doch bei diesen Zeichnungen wird sie direkt vom Konzept geleitet. Schließlich ist es Ihre Zeichnung, übernehmen Sie deshalb die Kontrolle.

Es ist okay, Dinge anders zu machen.

Gillian Lambert spielt gern mit ihren Selbstbildnissen. Sie verdreht ihr Gesicht, kämpft damit und verschleiert es. Dadurch entstehen Porträts, die unsere Vorstellung von Selbstbild, Identität und Schönheit hinterfragen. In String stellt sich Lambert in einem grotesken Gewirr dar, gebunden und verletzlich. Die Spannung zwischen dieser schönen Zeichnung und dem Unbehagen der Person erzeugt eine provokante Mehrdeutigkeit. Nichts muss offensichtlich oder »normal« sein, wenn man Menschen zeichnet. Bringen Sie den Betrachter dazu, sich unbehaglich oder sogar verwirrt zu fühlen. Schließlich geht es manchmal nur darum, dass die Leute nachdenken.

Dieses Kapitel handelt davon, die Fantasie anzuregen. Wir schauen uns Künstler an, die etwas anders gemacht haben – die beim Porträtzeichnen die ausgetretenen Pfade verlassen haben.

String
Gillian Lambert
2011

ANSATZ

Mischen

Die Gesichtszüge dieses Mädchens sind wunderbar lebensecht, das Kleid dagegen wirkt fast abstrakt. Es lässt sich schwer sagen, was mehr Aufmerksamkeit erregt - der intensive Blick oder die eigenartige Struktur des Felskleides.

Diese Zeichnung gehört zu einer Serie, für die sich Anderson vom Meer und von der Natur inspirieren ließ und die Schönheit der natürlichen Welt mit der Schönheit des weiblichen Ausdrucks kombinierte.

Die hochglanzpolierte Zeichnung sieht aus wie ein Bild aus einem Modemagazin. Die dezente Punktierung sorgt für eine zarte Schattierung von Gesicht und Armen. Die flache, abstrakte Darstellung der Felsen - die als Symbole für die Kraft der Natur stehen - wird durch den Gegensatz zur weichen Zartheit von Gesicht und Figur des Mädchens betont.

Sie müssen nicht alles exakt so zeichnen, wie Sie es sehen. Versuchen Sie wie Anderson, Dinge zu vermischen. Denken Sie darüber nach, was Sie über die Person aussagen wollen, die Sie zeichnen, und fügen Sie ein Objekt hinzu, das diese Idee unterstreicht.

Eine starke Idee kann durch ein ungewöhnliches Gegenüber verstärkt werden.

Das sichere Unbekannte
Kirrily Anderson
2016

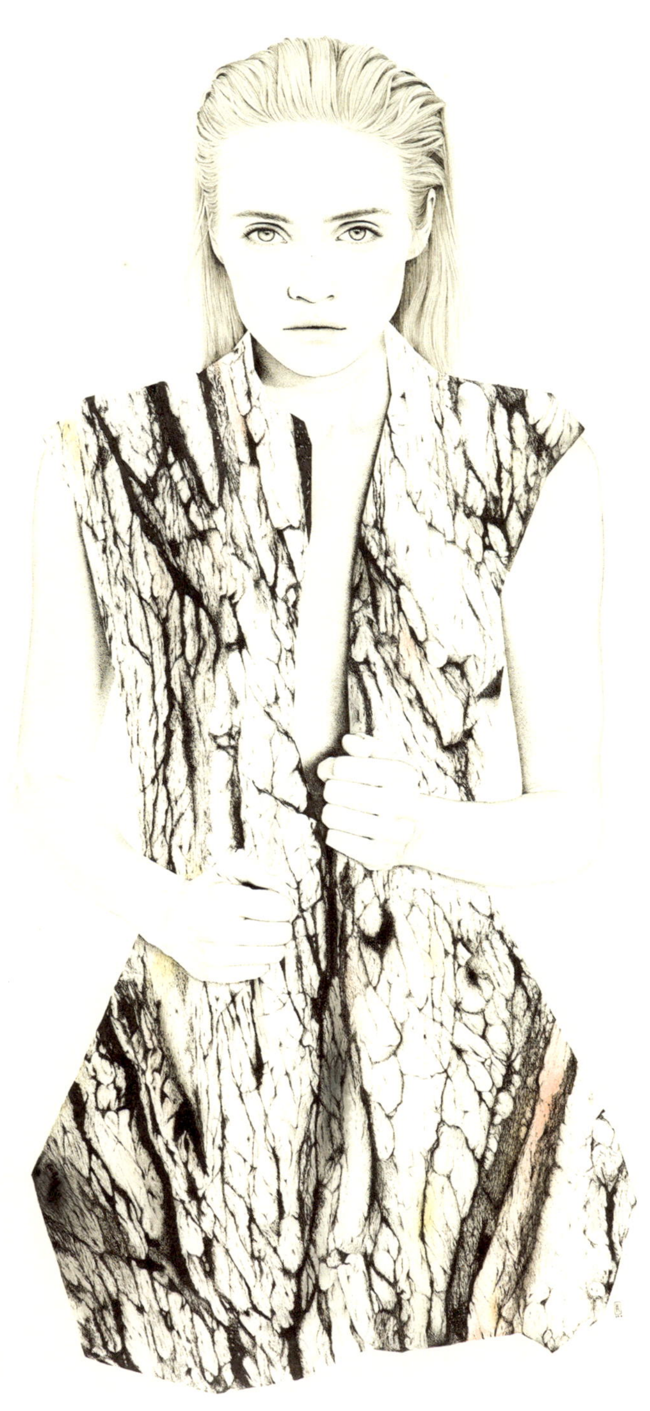

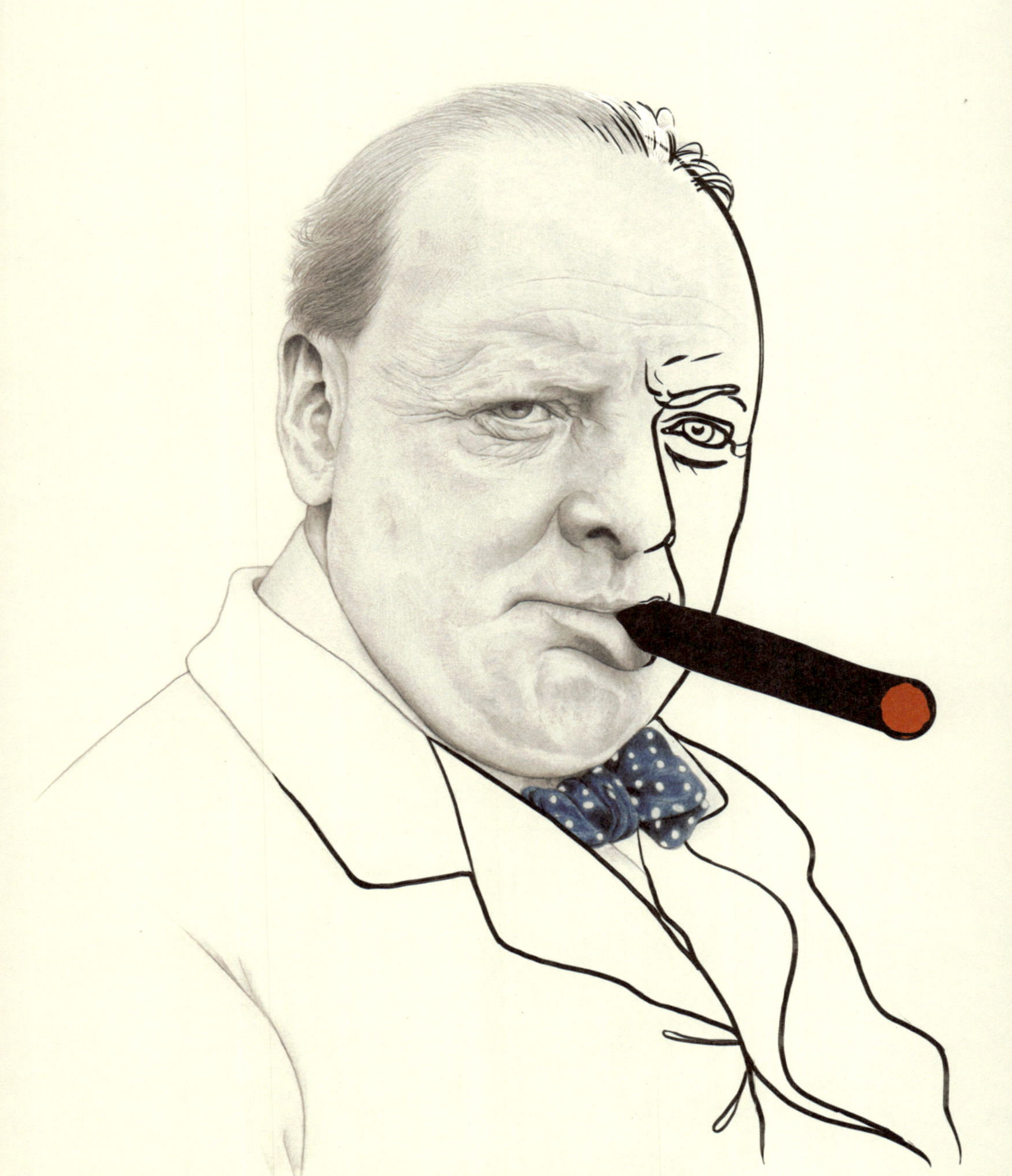

ANSATZ

Zwei Stifte (oder Bleistifte) sind besser als einer

Zwei Stile, ein großer Staatsmann. Auf der einen Seite eine weiche, einfühlsame Zeichnung. Auf der anderen ein kräftiger, schwarzer, linearer Stil mit deutlichen, scharfen Strichen, dazu eine Zigarre in Form einer schwarzen Röhre, deren eines Ende rot leuchtet.

Diese zwei gegensätzlichen Stile - das Graphit von Nestor und die Grafik von Shout - ergänzen einander und sind gleichzeitig irritierend verschieden. Die Stile von Nestor und Shout sind unterschiedlich, dennoch haben beide zusammengearbeitet und eine aufregende und ungewöhnliche Darstellung eines Mannes geschaffen, dessen berühmtes Gesicht im Laufe der Jahre unzählige Male gezeichnet, gemalt und gedruckt worden ist.

Arbeiten Sie gemeinsam mit einem Freund am Porträt einer berühmten Person und schauen Sie einmal, was passiert. Sie müssen einige Grundregeln festlegen - zunächst einmal müssen Sie feststellen, wer was macht -, aber wenn das klar ist, kann sich die Zeichnung entwickeln und Sie können auf das Ergebnis gespannt sein.

Wenn Sie mit einem anderen Künstler arbeiten, entsteht eine aufregende Unsicherheit.

Churchill
Denise Nestor in Zusammenarbeit mit Shout (aka Alessandro Gottardo)
2012

Hängen Sie nicht an etwas, das nicht richtig ist

Turing, Wilde, Nurejew. Der Mathematiker, der Ästhet und der Tänzer. Drei ganz unterschiedliche Menschen, alle auf ihre Weise Genies, aber definiert und unterdrückt durch die Gesellschaft ihrer Zeit, weil sie homosexuell waren.

Marlene Dumas schuf eine Serie aus 16 Tuschezeichnungen, mit denen sie 16 geniale Männer feierte, deren Leben und Kreativität durch ihre Sexualität geformt wurden. Um ihre Komplexität und ihr Genie zu erfassen, stellte Dumas nicht nur eine Version her, sondern zeichnete sie immer und immer wieder, bis sie zufrieden war.

Wenn Dumas eine Zeichnung beginnt, hat sie bereits einen ganz speziellen Look im Sinn, einen, der den Geist ihres Motivs umfasst. Sie arbeitet niemals vom lebenden Objekt, sondern geht immer von einer Vielzahl Fotos aus, aus denen sie die Idee der Person entwickelt. Dass sie für diese Porträts Tusche verwendete, bedeutete, dass sie Fehler nicht löschen könnte. Deshalb stellte sie so viele Versionen her – sie zeichnete ihr Motiv immer wieder neu, bis sie das Gefühl hatte, dass es auf dem Papier wirklich präsent war.

Egal, wie lange es gedauert hat, wenn es nicht funktioniert, dann hat es nicht funktioniert. Und das ist okay.

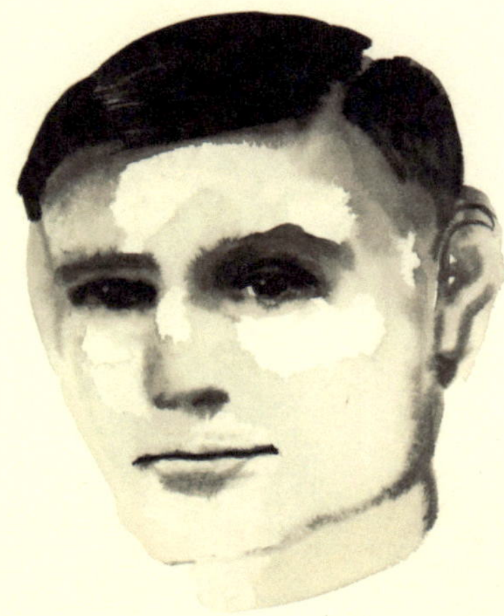

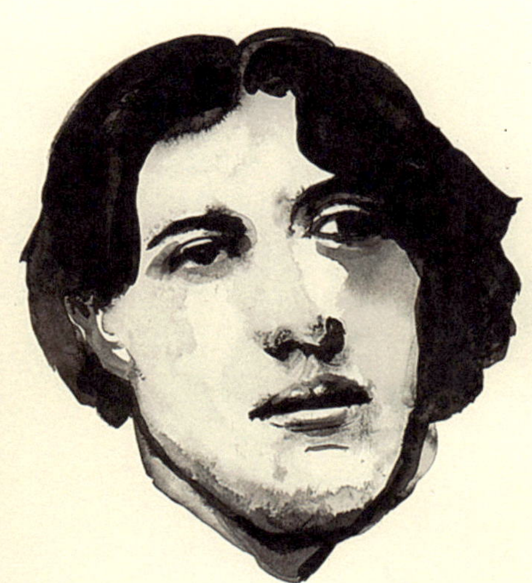

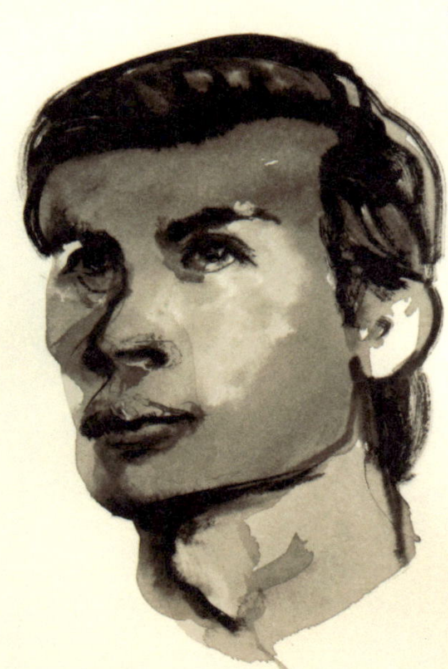

Great Men
Marlene Dumas
2014

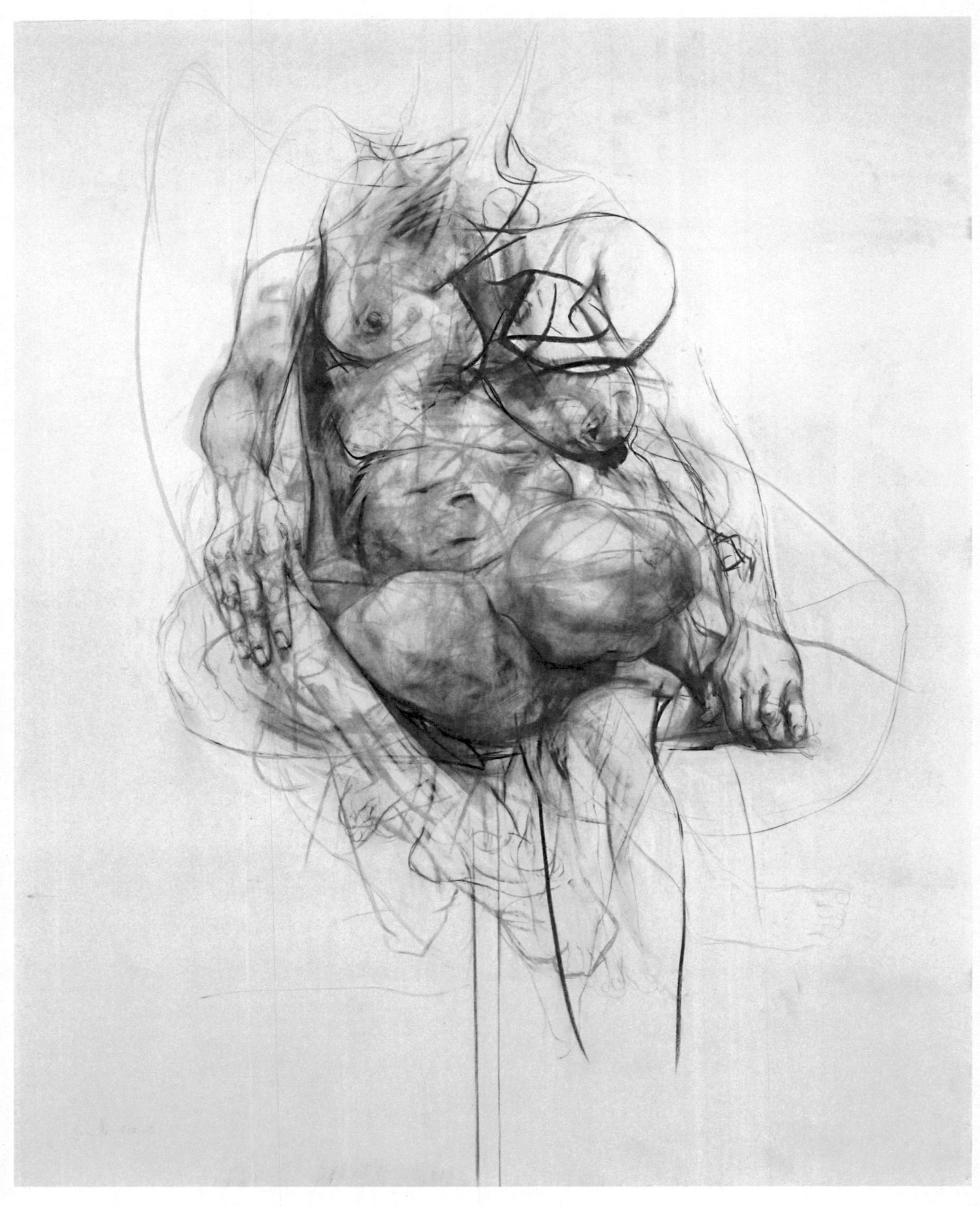

Muse auf Schemel (Studie)
Jenny Saville
2015

ANSATZ

Groß ist schön

Wir sind keine Kamera. Wir müssen keine exakte Replik einer Person erschaffen. Das Aufregende beim Zeichnen ist, dass es die Komplexität des menschlichen Befindens ebenso zeigen kann wie die Komplexität der menschlichen Form. Und genau das tut Jenny Saville.

Diese komplexe, geschichtete Zeichnung ist riesig – mehr als zwei Meter groß. Sie ist im wahrsten Sinne des Wortes größer als das Leben. In diesem Maßstab füllt der veränderliche, wandelbare Körper unser Blickfeld. Die gesichtslose Anonymität der Figur bedeutet, dass unser ganzer Fokus auf dem Körper liegt. Wir sehnen uns dazu, ihn mit Sinn zu erfüllen. Wir wollen eine kohärente Form finden, können es aber nicht, weil Saville Zeichnung unter Zeichnung unter Zeichnung vergräbt.

Wie eine eigenständige körperliche Präsenz liegt Savilles Erkundung der weiblichen Form wegen ihrer Größe noch offener und ungeschützter vor dem Auge des Betrachters. Lassen Sie sich von dem Gedanken an Größe nicht aufgrund von logistischen Bedenken abschrecken, sondern räumen Sie eine Wand frei. Sie können Papier von der Rolle kaufen oder sogar Tapete verwenden. Probieren Sie es einfach aus.

Eine kühne Größe kann Ihre Ideen verstärken.

ANSATZ

Mit Gefühl

Manche Zeichnungen versteht man auf den ersten Blick. Für andere brauchen Sie ein wenig Zeit und Kontext. Diese Zeichnung von Claude Heath gehört definitiv in die zweite Kategorie.

Ein dichtes Netz aus mehrfarbigen Linien wirbelt aus einem deutlichen weißen Loch heraus. Diese Linien haben Energie, aber sie sind nicht einfach nur Kritzeleien. Das sind vier Zeichnungen eines Abdrucks von Buddhas Kopf. Allerdings sehen sie völlig anders aus als jeder Buddha-Kopf, den wir jemals gesehen haben, weil sie mit verbundenen Augen gezeichnet wurden.

In seinen Zeichnungen setzt Heath lediglich auf seinen Tastsinn und verwirft alles, was er über ein Gesicht zu wissen glaubt, um nur das zu zeichnen, was er fühlt. Während seine linke Hand sein Motiv berührt, zeichnet seine rechte Hand und überträgt seine Erkundung des Dreidimensionalen in zwei Dimensionen. Wir sind daran gewöhnt, die Welt um uns herum mit unseren Augen zu entdecken und zu erfahren – Heath dagegen tut dies durch Berührung.

Bei dieser Art des Zeichnens geht es nicht darum, darzustellen, was man sieht, sondern darzustellen, was man fühlt.

Zeichnen muss nicht immer das zeigen, was Sie sehen.

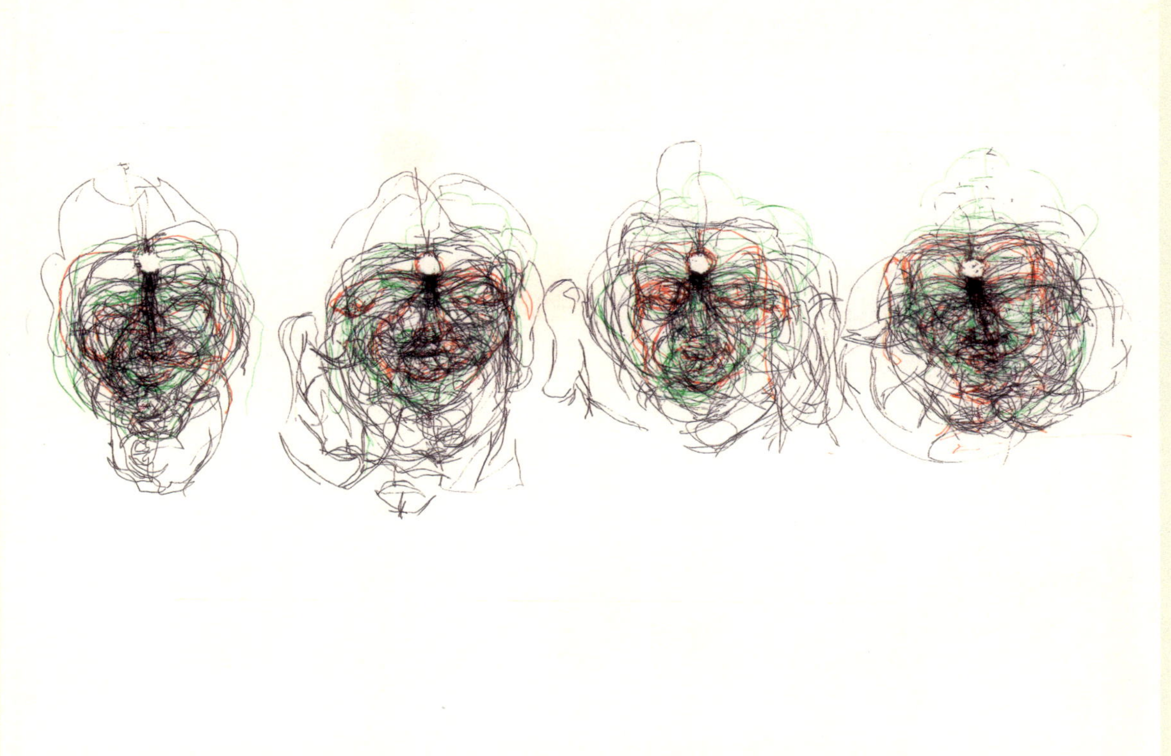

Buddha
Claude Heath
1996

ANSATZ

Daumen hoch

Welch bessere Art, jemanden zu identifizieren, als über seinen Fingerabdruck – der einmaliger ist als jedes Element in unseren Gesichtern. Dennoch ist dieses verspielte Werk von Saul Steinberg wie das amüsante Ergebnis der Liebesbeziehung zwischen Identität und Anonymität.

Es war Steinbergs Kommentar zur Unternehmenskonformität, eine Zeichnung, die als falsches »Passfoto« agiert. Ein scharfer Fingerabdruck erzeugt ein deutliches Oval anstelle des Kopfes. Schultern und Krawatte bestehen ebenfalls aus Fingerabdrücken; die Ränder von Jacke und Schlips wurden durch Abdeckklebeband definiert.

Steinberg war ein ernsthafter Künstler mit einem großartigen Sinn für Humor; seine Cartoons und Kunstwerke zeigen jemanden, der sich selbst nie zu ernst nahm. Es ist zwar wichtig, dass das Zeichnen ernst genommen wird, doch es soll vor allem Spaß machen.

Ernste Ideen lassen sich auf lustige Weise ausdrücken.

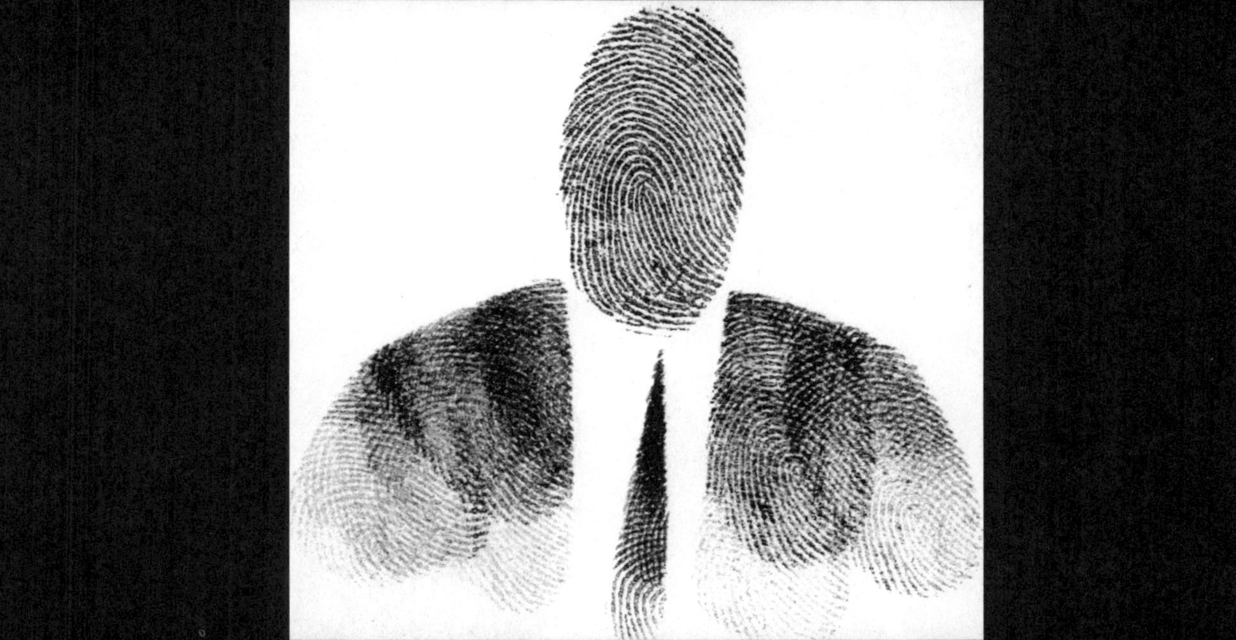

Index

Kursive Seitenzahlen beziehen sich auf Bilder.

S

T

U

V

W

DANK

Ich möchte meiner Freundin Caroline für ihre Hilfe und ihre Unterstützung danken; danke an alle bei Laurence King Publishing, vor allem an Jo Lightfoot, Alex Coco und meine Lektoren Sarah Silver und Donald Dinwiddie, die immer sehr nett und geduldig mit mir waren; danke an James Lockett bei Frui (www.frui.co.uk), der immer gute Ideen hat; danke auch an Brenda Vie für ihr umfassendes Wissen und ihren Rat und schließlich danke an Henry Carroll (www.henrycarroll.co.uk) für all seine Hilfe und seinen Rat bei diesem Buch.

BILDNACHWEISE